AF125167

SVLTO

Anna Maria Ortese erzählt vom Neapel der ›bassi‹, der kleine Leute, Francesco Piccolo von den Fährnissen des Über-die-Straße-Gehens, Domenico Rea von der ganz anderen Rückkehr heutiger Amerika-Fahrer. Giuseppe Marotta tritt in die Küche der Mutter und beobachtet sie beim Spaghettikochen, Fabrizia Ramondino sieht ihrer Großmutter zu, die jeden Morgen von neuem die Sonne verflucht.
Francesco Durante beschreibt den Vesuv als ikonographisches Element der Stadt, Erri de Luca die Folgen eines Erdbebens. Elisabetta Rasy lauscht dem Gesang der Stadt, Felice Piemontese steigt in die Unterwelt, Raffaele La Capria besichtigt den Tuff, das poröse Gestein, auf dem Neapel gebaut ist.

Mit Anrufung antiker Quellen, Kanzonen, Fußnoten und einem Nachwort des Herausgebers über das literarische Neapel.

Neapel

Eine literarische Einladung

Herausgegeben von Dieter Richter
Mit Illustrationen
von Franziska Neubert

Verlag Klaus Wagenbach   Berlin

Inhalt

Neapel als geistige Landschaft

För mich ist das geistige Bild, das ich von Neapel habe, nicht allein das Bild der Stadt, sondern, untrennbar damit verbunden, auch das ihres landschaftlichen Rahmens. In keiner Stadt der Welt, außer vielleicht in Rio de Janeiro, gibt es mehr Natur als in Neapel. Daher sind auch seine Straßen, schwarz von Menschen, und das verworrene Knäuel der Altstadtgassen in meiner Vorstellung immer mit dem Meer-Neapel verbunden gewesen, mit der Sirene Parthenope, die sich zwischen den blauen Inseln und Halbinseln am Golf zu Füßen des Vesuvs hinstreckt. Unter seinem lieblichen äußeren Anschein ist Neapel für mich immer unbezähmbare Urnatur gewesen, im Widerspruch zu einer jahrhundertealten, unerlösten Geschichte. Und dieser Widerspruch ist mir zum Symbol geworden, zu einem Interpretationsschlüssel, um die Stadt und mein Verhältnis zu ihr besser zu verstehen.

Ich bin am Posillipo geboren und habe während meiner Jugend auch dort gewohnt. Schon im Namen *Pausi-lypón* (der auf griechisch »eine Pause dem Schmerz« bedeutet) liegt etwas, das an Vergil erinnert. Und tatsächlich ist der gesamte Golf vergilisch, auch im Sinne des Zauberers Vergil, wie ihn die populäre Tradition kennt: Die ganze Partie des Golfs vom Posillipo bis Capo Miseno, mit dem Averner See, der Solfatara, der Höhle der Sibylle von Cuma und den Inseln Procida,

Vivara und Ischia. Diese vergilische Seite des Golfs erkennt man vor allem an der gelben Farbe des Tuffsteins. Aus Tuff sind die Ufer und die Felsen, auch die unter Wasser liegenden; aus Tuff ist der Palazzo Donn' Anna aus dem siebzehnten Jahrhundert, wo ich gewohnt habe, und der aus dem Wasser emporsteigt wie ein venezianischer Palazzo am Canal Grande; aus Tuff ist das Haus der Geister in Marechiaro*; aus Tuff sind die Bucht von Trentaremi und die kleine Insel der Gaiòla, wo eine römische Villa stand; aus Tuff sind die Insel Nisida und die anderen schon genannten (Procida, Vivara, Ischia). Bearbeitet, glattgeschliffen, zernagt, gestaltet vom Meer und vom Wind, gibt der Tuff dem sanften, heiteren, von einer beinahe ländlichen Melancholie übergossenen Ufer die Farbe des Honigs. Denn die Campagna ist überall gegenwärtig, ja, sie erstreckt sich bis dorthin, wo sie von den Wellen umspült wird und ihr Grün sich mit dem Grün der Algen verbindet: wie vergilisch ist das alles! Wie oft habe ich, wenn ich in der Ferne an diese Ufer dachte, den wunderschönen Vers von Nerval wie einen Hymnus in mir wiederklingen hören: »Rends-moi le Pausilippe et la mer d'Italie!«**, vor allem heute, wo »le Pausilippe et la mer d'Italie« durch Bauspekulation und die Invasion des Massentourismus zerstört worden sind.

Dann gibt es aber noch einen anderen Teil des Golfs von Neapel, den man durchaus als *homerisch* bezeichnen könnte. Dieser Teil umfaßt das zerklüftete Capri und seine unzugänglichen Felsen; auch den äußersten Punkt der Halbinsel von Sorrent, wo sich einmal ein der Minerva geweihter Tempel erhob, und die gesamte amalfitanische Steilküste, die den Golf von außen wie eine mächtige Festung schützt. Die Beschreibungen der Odyssee passen sehr gut zu dieser zerklüfteten prometheischen Küste; zu den Sirenusischen Inseln***, die im hellen Morgendunst vor Positano hin und her wogen; zum Felsen des Tiberius mit den Überresten der Villa, die wie ein Adlerhorst von oben her die Meerenge beherrscht; zu den Faraglioni-Felsen, die wie von einem wutschäumen-

* Der *Palazzo degli Spiriti* ist ein verfallener antiker Palast am Meer. (A. d. H.)
** »Gib den Posillipo mir und das Meer Italiens wieder!«
*** Gemeint ist die kleine Inselgruppe der *Galli*, die schon in der Antike als die Inseln der Sirenen galten. (A. d. H.)

den Zyklopen oder mit der Gewalt einer vorweltlichen Gottheit ins Meer geschleuderte Blöcke* wirken. Den homerischen Teil des Golfs erkennt man an der völligen und unvermittelt auftretenden geologischen und morphologischen Andersartigkeit, die sofort ins Auge fällt. Das Gestein wird plötzlich zu etwas Kompaktem, Eisernem, und der Dolomitfels stürzt jäh ins Meer ab, das in den Grotten widerhallt. In dieser Landschaft gewahrt man so etwas wie eine Entfesselung tellurischer Kräfte und die ständige Bedrohung, die ungeheure Gewalttätigkeit der Vulkane. Die Farbe des Wassers ist keramikblau oder türkis, und zu bestimmten Stunden wird sie indigo- oder metallblau, denn das Meer nimmt die Färbungen und Reflexe der Felsen auf, von Chromgelb bis Rostviolett. Weiß sind die Strände mit ihren runden Steinen, glattgeschliffen wie Eier, und alles gewinnt im unerträglichen Licht des Mittags ein leuchtendes, ein funkelndes, ein »heroisches« Aussehen.

Auf diese Weise teilen sich der göttliche Homer und der menschliche Vergil, der Anfang des Mythos und sein tragisches Ende, der epische, sonnenbeschienene Mittag und der romantisch ermattende Tag diese mediterrane Landschaft und feiern deren poetischen Zauber. Auch wenn der Niedergang unter seinen Verkrustungen alles weniger deutlich, alles weniger erkennbar werden läßt (wie es bei einer Amphore vorkommt, wenn sie nach Jahrhunderten vom Grund des Meeres heraufgeholt wird), entspringt mein geistiges Bild von Neapel dieser poetischen Ambivalenz seines Golfs – und sie behauptet sich auch heute noch, trotz allem, was geschehen ist.

Odysseus, »der Mann von reicher Erfindungsgabe« für Homer, der »Heros der Duldsamkeit« für Savinio**, vor allem aber der listenreiche Odysseus und der – ohne jeden Zweifel – viel auf dem Meer Gereiste ist das vollkommene Muster des mediterranen Menschen. Wir sind die Nachkommen dieses Odysseus und nicht die des Danteschen Odysseus, der den »törichten Flug« über die Säulen des Herkules hinaus unternahm, »um nachzugehn der Tugend und

---

* Der *Salto di Tiberio* und die *Faraglioni-Felsen* befinden sich auf Capri. (A.d.H.)
** Bezieht sich auf das Reisebuch Capri von Alberto Savinio. (A.d.H.)

dem Wissen«*. Mit Tugend und Wissen geht es bei uns ein bißchen bergab. Wir mediterranen Menschen und Nachkommen des Odysseus sind eigentlich, wie er, Seefahrer auf kleinen Küstenschiffen: zehn Jahre, um endlich in Ithaka anzukommen! Gut, die Götter waren dagegen, aber trotzdem: zu lang! Selbst die Abenteurer auf den Ozeanen und die Entdecker neuer Welten haben wesentlich weniger Zeit gebraucht. Selbst wenn man einräumt, daß Kolumbus und noch ein paar andere zu uns gehörten, so sind sie mit Gewißheit anderswo erzogen worden. Die mediterranen Menschen, die mit dem Meer eng vertraut sind, sind im Grunde in der Minderzahl, sie bewohnen einen schmalen Streifen längs der Küsten, sind Fischer, die ihren Lebensunterhalt aus dem Meer ziehen und im allgemeinen nicht schwimmen können, oder sie sind Intriganten, Fährleute und Händler, wie es schon die Phönizier waren.

Um den Niedergang Neapels und seinen Verfall verstehen zu können, muß man die Stadt in Zusammenhang mit dem Niedergang und Verfall des gesamten mediterranen Raums sehen, denn der mediterrane Raum hat jahrhundertelang, und heute mehr denn je, der Moderne den Rücken zugekehrt. Keine Stadt, kein Land, die an diesem Meer liegen, haben jemals die Herausforderung, die die Moderne an sie stellte, annehmen wollen. All diese Städte und Länder haben sich dieser Herausforderung verweigert. Athen, Konstantinopel, Alexandria, Palermo, Venedig und jetzt auch Genua, mit der einzigen Ausnahme von Barcelona vielleicht, sie alle leiden am *mal méditerrané*. Sie alle scheinen außerhalb ihrer Zeit zu stehen, reglos, trostlos. Städte des Niedergangs, Städte der Auszehrung, sie alle verwesen langsam in ihrer heruntergekommenen Schönheit, sie alle siechen unter der Last einer großen Vergangenheit dahin, und in ihr verbrauchen sie sich. Nach dem Ende des Mythos, nach der Flucht der Götter, steht das Wort »mediterran«, das früher sonnendurchglüht, griechisch, klassisch bedeutete und ein bestimmtes Azurblau, eine unvergleichliche Transparenz meinte, heute für ein auch physiologisch im Absterben begriffenes Meer und ist zu

---

* Im 26. Gesang des Infernos berichtet Dante von Odysseus' letzter Fahrt, die ihn auf der Suche nach Erkenntnis ins westliche Weltmeer führte. (A. d. H.)

einem verleumderischen Adjektiv geworden, das von vielen mit einem unüberhörbaren Unterton von moralischer Verachtung benutzt wird.

Als Walter Benjamin in den zwanziger Jahren hierherkam, bezeichnete er Neapel als »poröse Stadt«*. Diese »Porosität« war es, die ihn auf den ersten Blick an Neapel am meisten beeindruckt hatte. Vielleicht, weil die Stadt auf Tuffstein gebaut und darunter voller Grotten und Höhlen ist. Was immer man auch der »Porosität« für eine Bedeutung beilegen mag, ob sie sich nun auf den Untergrund bezieht oder lediglich eine Metapher für das mediterrane Leben ist, es bleibt die Tatsache, daß es in Neapel eine von den Menschen bewohnte Oberwelt und eine von den Seelen, den Geistern und den Stimmen bewohnte unterirdische Welt gibt. Diese Unterwelt erstreckt sich von der Stadtmitte Neapels, die voller Katakomben und unterirdischer Friedhöfe ist, bis zu den in den Tuff gehauenen Grotten an der Küste des Posillipo, und sie reicht bis zur Höhle der Sibylle von Cuma, jenseits von Pozzuoli und Baia.

War es daher nicht natürlich, daß von hier aus, von dieser Stadt auf brodelndem phlegräischem Grund, von dieser Stadt auf Wasser und Feuer, der fromme Äneas mitten durch den Averner See den Zugang zum Totenreich fand, zu jenem Ort wesenloser Schatten, den die Menschen der Antike Hades nannten und dem in Neapel ein eigener Kult geweiht ist, den man Purgatorio nennt: Tatsächlich gibt es in Süditalien keinen Ort, an dem man so häufig wie in Neapel die Aufforderung hört: »Erbarmt euch der armen Seelen im Fegefeuer!« Wieviele erleuchtete Tabernakel sieht man in den kleinen Straßen und Gäßchen, deren Votivlichter den armen Seelen im Fegefeuer geweiht sind! Fast alle einfachen Neapolitaner fühlen sich diesen Seelen verwandt, denken, daß das Leben und Neapel ihr Fegefeuer sei, ein Übergangsort in Erwartung eines besseren Zustands.

Am Anfang des Posillipo erhebt sich am Meer ein altes Gebäude, das von weitem aussieht wie ein Tuff-Felsen, der aus dem Wasser emporsteigt, voller Löcher und Einschnitte. Doch je näher man kommt, nimmt er das grandiose, beein-

---

* Vgl. Walter Benjamin/Asja Lacis, Neapel. In: *Gesammelte Schriften*, Bd. IV, 1, Frankfurt 1972, S. 307ff. (A. d. H.)

druckende Aussehen einer aus dem siebzehnten Jahrhundert stammenden Residenz an. Es handelt sich um den berühmten Palazzo, den der spanische Vizekönig Don Ramiro Guzman, Herzog von Medina, 1642 für seine Gemahlin Anna Carafa, eine Neapolitanerin, erbauen ließ. Daher heißt er noch heute Palazzo Donn' Anna. Der Architekt, Cosimo Fanzago, konnte sein Werk nicht zu Ende bringen, weil der Vizekönig, nach Spanien zurückbeordert, Neapel verlassen mußte. Folglich ist dieser Palazzo unvollendet geblieben. Doch auch so, in dem Zustand, in dem er sich heute nach dreieinhalb Jahrhunderten befindet, ist er noch immer gleichermaßen faszinierend und großartig. Seine Lage unmittelbar am Meer, ja auch die Tatsache, daß er nie vollendet wurde und seit vielen Jahren verwahrlost ist, aber auch der Tuffstein, aus dem er gebaut wurde, rosafarben von der Salzluft und an seinen Grundmauern von Meereswellen benetzt, verleihen ihm das Aussehen einer romantischen Ruine, die die Phantasie ihres Betrachters beflügelt, allein schon deshalb, weil sich viele Legenden um seine alten Mauern gebildet haben.

Die Wohnung, in der ich während meiner gesamten Kindheit und Jugend in Neapel gewohnt habe, befindet sich dort, in jenem Palazzo. Die Fenster der Wohnung öffneten sich aufs Meer, das sich nur wenige Meter unterhalb von uns befand. Aber warum rede ich jetzt von diesem Palazzo, den ich schon so viele Male beschrieben habe? Weil der Palazzo Donn' Anna für mich alle Merkmale jener »Porosität« trägt, über die Benjamin und Bloch geschrieben haben, und wenn man ihn in seiner Struktur untersucht, repräsentiert er in kleinerem Maßstab die Struktur der gesamten Stadt.

Seine »Porosität« rührt vom Material her, mit dem er erbaut wurde, dem Tuff, der, zerfressen wie er von der Zeit ist, wie der Kork wirkt, aus dem in Neapel die Weihnachtskrippen hergestellt werden. Sie kommt von seinem naturhaften Erscheinungsbild, das an einen Steinblock oder einen Fels denken läßt, oder besser noch: an einen großen, von Licht triefenden Schwamm, der gerade aus dem Meeresgrund aufgetaucht ist. Auch rührt die »Porosität« von jenem Teil des Palazzos her, der dem Meeresspiegel am nächsten ist, mit dem Labyrinth von unterirdischen Gängen und Stollen und dem Wasser, das sich in den Fundamenten sammelt und in den Grotten dröhnt: Und so weckt auch dieses Bauwerk immer wieder die Vorstellung, daß es ein unterirdisches Pendant zu dem auf der Erde gebauten Palazzo gebe, eine Vorstellung, die einem in Neapel oft in den Sinn kommt. Und dabei rede ich noch nicht einmal von jener phantastischen »Porosität«, wie sie in den Volkslegenden um diesen Palazzo zutage tritt, mit seinen noch von den Geistern jener Seeleute bewohnten Mauern, die von einer Königin namens Giovanna getötet worden sind, welche einst hier ihre Residenz hatte! Wenn ich als Junge abends durch die dunklen Gänge ging, um nach Hause zu kommen, mußte ich die ganze Kraft meiner Vernunft aufbieten, um die Angst vor dem Unbekannten zu überwinden. Auch auf diese Weise machte ich meine Erfahrung mit dem Gegensatz zwischen der Welt der Schatten und der Welt des Lichts, der Teil der mediterranen Seele dieser Stadt ist. In den oberen Stockwerken des Palazzo Donn' Anna wohnen Adelige, die Fürsten Colonna, die Marchesi von Bugnano; in den Zwischenstockwerken wohnt das Bürgertum; in den unteren Stockwerken das Volk: der Schiffer, der Zimmermann, der Fischer. Es ist dies die gesellschaftliche »Porosität«, die von der für Neapel so typischen und von Historikern und Soziologen vieldiskutierten Vermengung der Nachbarschaften herrührt, welche unter den Neapolitanern eine außerordentlich starke Homogenität, genauer gesagt eine wirkliche Form von Kultur hervorbringt, ohne jedoch die Unterschiede der sozialen Schichten aufzuheben. Dies ist der Grund, dies sind die Analogien, deretwegen ich über den Palazzo Donn' Anna gesprochen habe; und auch, weil in ihm sowohl das »Gedächtnis meiner Phantasie« aufbewahrt ist als auch jene eigenartige Vermischung von natürlicher und konstruierter Geographie, von Leben und künstlerischer Form, die für mich nicht nur eine Idee oder ein intellektuell erlerntes Konzept ist, sondern Teil meiner persönlichen Erfahrung, und die unauflösbar mit den verwitterten Steinen dieses Palazzo verbunden ist, der sich am Meer des Posillipo erhebt.

Bis hierhin reicht mein Bild von Neapel als einer mediterranen Stadt; ein geistiges Bild, da das realistische, das normalerweise durch Film, Fernsehen, Presse und auch durch die Literatur vermittelt wird, immer etwas Gewöhnliches und etwas Übertriebenes enthält, das nicht hilft, die vielschichtige Komplexität dieser Stadt zu verstehen, sondern eine Vereinfachung liefert, die lediglich dazu taugt, die schon bestehenden Vorurteile zu bestätigen. An dieser Stelle ist es jedoch möglicherweise nützlich, kurz zu erläutern, was nach dem Krieg geschehen ist, der das Gesicht von Neapel nachhaltig verändert hat.

Als 1944 die Amerikaner eintrafen, versetzte der Kontakt mit den Besatzungstruppen der Stadt, die zahlreichen Bombardierungen widerstanden hatte, einen stärkeren Schlag, als es durch Bomben möglich gewesen wäre. Schiebereien, Korruption, Schwarzmarkt und Schmuggel waren plötzlich an der Tagesordnung. Allmählich und für die gesamte dann folgende Zeit, in der das einfache Italien verschwand, von dem Carlo Levi in seinem Roman *Christus kam nur bis Eboli* erzählt hatte und das von vielen ausländischen Reisenden beschrieben worden war, brachten die tiefgreifende Krise der bäuerlichen Kultur, die Auswanderung, die Stadtflucht, die Entvölkerung der ländlichen Gegenden und schließlich selbst die Verbesserung der wirtschaftlichen Verhältnisse, die sich auf die Bevölkerungsstruktur des Südens allerdings verheerend auswirkte, eine entsetzliche Umwälzung mit sich, deren Folgen unseligerweise auch Neapel ertragen mußte.

Damals, zu Beginn der fünfziger Jahre, begann die Bauspekulation, sie drückte der Stadt in den folgenden Jahren ihren Stempel auf. Alles, was man innerhalb der Stadtgrenze bebauen konnte, wurde bebaut, ohne jede Beschränkung, ohne jedes Konzept, ohne jeden Bebauungsplan. Die Stadt explodierte, die Wohnblöcke türmten sich in die Höhe; und als es zwanzig Jahre später, in den siebziger Jahren, nicht mehr möglich war, auch nur ein einziges Zimmer innerhalb der Stadt zu bauen, ergoß sich die Flut der Häuser nach draußen, ins Umland, und bedeckte alles, ohne jemals innezuhalten. So ist das Bild der Stadt heute nicht mehr dasselbe: Das wunderbare Neapel der Postkarten mit der Schirmpinie im Vordergrund und dem Vesuv im Hintergrund ist entstellt worden, und eine große, trostlose Peripherie erstreckt sich heute von Pozzuoli, Aversa und Casoria bis hin zu den letzten Vesuvgemeinden, sie umschlingt die Stadt mit ihren Windungen und bringt sie um. Neapel ist eine Megalopolis geworden, eine unförmige Riesenstadt mit dreieinhalb Millionen Einwohnern, die aufgrund ihres fragilen Versorgungssystems und ihrer Strukturen, mit ihren Verkehrsproblemen und ihrem Chaos einer südamerikanischen Riesenstadt ähnelt, sich im Unterschied zu ihr aber nicht inmitten eines weiten unbewohnten Kontinents erhebt, sondern in einer der am dichtesten besiedelten Gegenden der Welt, dichter sogar als Japan. Denn die Bevölkerungsdichte der Ortschaften zu Füßen des Vesuvs ist achtzehnmal größer als die von Hongkong: eine wagemutige Herausforderung an das Schicksal, wenn man bedenkt, was in der Vergangenheit Pompeji und Herculaneum widerfahren ist. Doch die Neapolitaner sind sorglos, sie sind eben so, und sie stellen sich nicht vor, was für eine Katastrophe ein Ausbruch des Vesuvs bedeuten würde, wenn er zufällig, wie der Ätna in Sizilien, wieder zum Leben erwachte. Sie denken nicht daran, was es bedeuten würde, wenn mehr als eine Million Menschen aus diesen Ortschaften evakuiert werden müßten, auf der einzigen Straße, die es gibt und die schon unter normalen Verhältnissen ständig vom Verkehr verstopft ist. Sie denken einfach nicht daran, im Gegenteil, sie würden, wenn sie könnten, ihre Häuser sogar in den Krater des Vulkans bauen. So sind sie eben. San Gennaro wird daran denken, wenn es soweit ist, er hat schon zu anderen Zeiten die Lava zum Stillstand gebracht, und Wunder vollbringt er in Fülle.

Was ist es, das Neapel von anderen italienischen Städten und von jeder anderen Stadt in Europa unterscheidet? In den anderen Städten gibt es Arme, das Subproletariat, das gemeine Volk. Doch in Neapel – so hat Montesquieu geschrieben – *»le peuple est bien plus peuple qu'un autre«**, in Neapel gibt es kein Volk, dort gibt es die Plebs. In anderen Städten, italienischen und europäischen, gibt es ein Viertel der Armen, in Neapel hingegen lebt die antike Stadt fort, wie Pompeji oder Babylon oder Alexandria, und eine Lebensweise, die der einer Stadt des Altertums ähnelt. Die Einwohner dieser antiken Stadt leben im Herzen und in den Eingeweiden von Neapel, im elenden Gewühl der Gassen und engen Straßen der Altstadt, sie haben ihre Wesensart und ihren Dialekt bewahrt und sind sich in all den Jahrhunderten immer gleichgeblieben, trotz aller Besatzungen, die Neapel im Lauf seiner Geschichte hat hinnehmen müssen; gleich und unbeugsam unter den Staufern, den Normannen, den Anjou, den Aragonesen, den Spaniern, den Franzosen, den Österreichern. Die Plebs ist für Neapel nicht nur ein noch ungelöstes und vielleicht unlösbares Problem, sie ist vielmehr der fruchtbare Nährboden, in

---

* »Ist das Volk wohl mehr Volk als irgendein anderes.«

dem die Stadt ihre Wurzeln, ihr Gedächtnis und ihre Kultur hat; sie ist eine Quelle der Vorstellungskraft und der Phantasie, der Ursprung des Dialekts und der Kanzonen. Aus diesem uralten Boden sind der Charakter der Neapolitaner, ihre Laster und ihre Tugenden erwachsen.

Jede große Kultur, mithin auch die neapolitanische, geht aus scheinbar unversöhnlichen und einander seit Jahrhunderten überlagernden Gegensätzen hervor. Neapel hat der europäischen Kultur viel gegeben, von den Erzählungen Giambattista Basiles (aus denen Perrault, die Brüder Grimm und viele andere geschöpft haben und die im wunderschönen Dialekt des siebzehnten Jahrhunderts geschrieben sind)* bis zur Philosophie Giambattista Vicos, der sich dem Rationalismus Descartes' widersetzte und neue Wege für das Studium der Geschichte eröffnete. Von den Werken Giannones, Galianis, Filangieris, Genovesis, die mit ihren Forschungen über die bürgerliche Geschichte, über den Kornhandel, über den Aufbau des Staates und die Gesetzgebung, über den Geldkreislauf usw. zur Verbreitung des aufgeklärten Denkens beigetragen haben – bis hin zur Musik von Pergolesi, der die Opera buffa erfunden hat, zur Musik von Cimarosa und so weiter ... Der Gegensatz und bisweilen auch die Durchdringung von europäischer und lokaler Kultur, von Hochsprache und Dialekt, haben in Neapel stets für intellektuelle Lebendigkeit gesorgt. Dieser Gegensatz spiegelt sich auch in dem tieferen, aus alten Zeiten vererbten Gegensatz von Natur und Geschichte, von Schatten und Licht, von Instinkt und Vernunft oder (wie bei Vico) von Kosmos und Logos wider, der Teil der mediterranen Seele ist.

Gerade wegen seiner besonderen geographischen und kulturellen Lage ist Neapel als eine *Schwellenstadt* betrachtet worden, eine jener Städte, die als Tor fungieren, als Brücke und Bindeglied zwischen zwei Kulturen, nämlich der nordeuropäischen und der mediterranen. Beim Gedanken an das künftige Europa wird deutlich, daß, wie Massimo Cacciari geschrieben hat, ein franco-deutsches Europa, ein karolingisches Europa

---

* Giambattista Basile ist der Verfasser der ältesten europäischen Märchensammlung, des 1634 erschienenen *Cunto de li cunti* oder *Pentamerone*. (A.d.H.)

nur ein Rumpfeuropa, ein »kaltes« Europa wäre, wie es von der Geschichte schon einmal verworfen wurde, weil ihm die mediterrane Komponente fehlte, die Öffnung auf das Andere hin, die von ausschlaggebender Bedeutung für die künftige Ordnung der abendländischen Welt sein wird.

Wie notwendig in einem derartigen Zusammenhang und angesichts einer derartigen Perspektive der Beitrag einer Stadt wie Neapel ist, braucht nicht besonders betont zu werden. Doch ist diese Bestimmung nur dann möglich, wenn Neapel das schwierige Unterfangen gelingt, die mediterrane »Porosität« mit der europäischen »Ratio«, die neapolitanische Gesellschaftsform mit dem Rechtsstaat in einer neuen Harmonie zu verbinden.

[1994]

Neapel, Molo Mergellina

Celeste la dieta	Himmlisch die Diät
di chi impara	dessen der lernt
a cibarsi di mare	vom Meer sich zu nähren
come un'alga.	wie eine Alge.

[1996]

Die Pizza

So wie die Spaghetti den *scugnizzi* entsprechen, den neapolitanischen Gassenjungen, die barfuß herumlaufen, behende wie Katzen, dünn wie ein Faden, beweglich und tänzelnd wie Akrobaten, so entspricht die Pizza Neapels Form und der Psychologie seiner Einwohner. Die Pizza ist eine runde Scheibe, sie ist rund wie die drei Kardinalpunkte des neapolitanischen Liedes, wie die Sonne, der Mond und das Meer. Die Pizza ist barock wie Neapels Türme, wie die Kirchen, wie die Palazzi mit ihren Wendeltreppen. Die einzige Ebene, die es in Neapel gibt, ist das Meer und die einzige Ebene, die ihm gleichkommt, ist der flache Boden der Pizza.

Die Pizza ist so rund, so wie der Golf von Neapel, umfaßt von der sorrentinischen Küste, von Capri, Ischia und Procida, eine Mulde bildet. Ihr angesengter Rand gleicht dem verkrusteten Küstenstrich. Die Mozzarella, würfelig auf die Pizzawiese gestreut, erinnert an das Weiß der Segelschiffe so wie die Tomaten an die roten Segel der Piraten erinnern, und das grüne Basilikum deutet das Lächeln des Schaums auf den Wellen an, wenn das Meer ruhig ist. Aber hiermit hören die Ähnlichkeiten der Pizza mit Neapel noch nicht auf.

Die Pizza ist ein Schnellgericht, das man in zwei, drei Minuten zubereitet, denn die Neapolitaner – man weiß nicht warum oder wozu – haben es immer eilig. Um die Pizza zu essen, braucht man keinen Tisch zu decken. Man braucht keine Gabel, weder Messer noch Löffel. Bis vorgestern haben die Neapolitaner die Pizza immer mit den Händen gehalten, so wie man, ohne sich von seinen Gedanken abbringen zu lassen, eine zusammengefaltete Zeitung in der Hand hält. Aber der eigentliche Grund ihrer Verbreitung ist ihr geringer Preis. Einst kostete eine Pizza ein paar *Centesimi*, und heute kostet sie nur wenige tausend Lire oder weniger, wenn man sie vom Ofen weg kauft. In einem Land, das berühmt ist für seine Armut, ist das ausschlaggebend.   DOMENICO REA

ANNA MARIA ORTESE

Gold in Forcella

Der Autobus, der mich zur Via Duomo bringen sollte, dort
wo die Via San Biagio dei Librai beginnt, war so gestopft voll,
daß es mir unmöglich war, im richtigen Augenblick auszu-
steigen, und als ich meinen Fuß endlich auf die Erde setzte,
stand die gräßliche Fassade des Hauptbahnhofs vor mir, mit
dem Garibaldi-Denkmal und einer Karawane von verblichen
grünen Straßenbahnwagen, schwarzen ramponierten Taxis,
Kutschen, von kleinen Pferden gezogen, die schliefen. Ich
drehte mich um und ging zurück bis zur Via Pietro Colletta
im berühmten Gerichtsviertel. Der klare azurblaue Himmel
strahlte wie auf den Farbpostkarten, und unter diesem Licht
kamen und gingen die Menschen verschwommen zwischen
den Gebäuden, die hier und dort aufragten, ohne erkennbare
Ordnung, wie Wolken. Dort, wo die Via Forcella anfängt,
blieb ich sprachlos stehen. Etwas Großes war im Gange, weiter oberhalb, am Ende der engen Straße, ein Wogen von Farben, unter denen Hellrot und Schwarz hervorstachen, ein
schmerzhaftes Summen von Stimmen. Ein Markt, dachte ich,
ein Streit. Bei einer alten Frau, die an der Straßenecke neben
einem Steinblock saß, blieb ich stehen und fragte sie, was all
diese Menschen da machten. Sie hob ihr von Pockennarben
gezeichnetes, in ein großes Kopftuch eingehülltes Gesicht,
blickte ebenfalls zu jenem fernen Sonnenstreifen mitten in
Forcella hinauf, wo sich die Menge schlangengleich wand
und blähte und von wo jenes wechselnd schmerzhafte Summen kam. »Die machen nichts, Signora«, sagte sie ruhig, »das
träumen Sie nur.«
    Seit Jahren war ich nicht mehr dorthin gekommen und
hatte vergessen, daß die Via Forcella und die Via San Biagio
dei Librai zwei der am dichtesten besiedelten Straßen von
Neapel sind, wo das Hin und Her der Menschen oft den Eindruck eines außergewöhnlichen Ereignisses erweckt. Die
Sonne verbreitete durch den Staubschleier ein rötliches, gar
nicht mehr heiteres Licht. Von der Schwelle Hunderter kleiner Läden oder von den auf den Bürgersteigen aufgestellten

Stühlen betrachteten Frauen und Kinder sie mit einem merkwürdig stumpfsinnigen Ausdruck. Sogar die vor die Gemüsekarren gespannten Esel schienen von der eigentümlichen Trübheit des Lichts ergriffen zu sein und bewegten ihre langen Ohren mit stiller Apathie, um die Bremsen zu vertreiben. Aus einem Karren der Städtischen Müllabfuhr, der für den Augenblick verlassen mitten auf der Straße stand, kam ein Kopf zum Vorschein. Weiter unterhalb befand sich der Rumpf eines ungefähr fünfzigjährigen Mannes, der sorgfältig in eine bis zum Hals zugeknöpfte und wie ein Sack sowohl unten als auch seitlich zugenähte Jacke eingehüllt war. Ein goldschimmernder Teller, mit einer Schnur an seiner Brust festgebunden, forderte den Vorbeigehenden auf, seinen Obulus zu entrichten, aber niemand bemerkte den Mann, und eigentlich tat auch er nichts, um das öffentliche Mitleid zu erregen. Mit weingeröteten Wangen an einem Sack lehnend, und mit ebenfalls vom Wein geröteten, ja sogar leuchtenden Ohren, grauen, über die Augenbrauen herabhängenden Haaren und einem feinen Lächeln auf seinem halbgeöffneten Mund, machte dieser Mitbürger sein Schläfchen. Von überall her zogen unterdessen Zwerge und Zwerginnen vorüber, würdevoll in Schwarz gekleidet, mit blassen, entstellten Gesichtern, großen mitleidheischenden Augen, die Finger wie Zweige an der Brust, darauf achtend, den Kindern und Hunden auszuweichen, die sie anrempelten. Andere Bettler, Behinderte oder einfach berufsmäßige Schnorrer lagen ausgestreckt auf der Erde, mit dem Bild dieses oder jenes Schutzheiligen, das sie sich unter das Kinn geklemmt hatten, oder mit einem Schild, auf dem die Zahl der Unglücksfälle und der Kinder aufgezählt waren, wie man es auch auf den feineren Straßen dieser Stadt sehen kann, auf der Via Chiaia oder der Piazza dei Martiri, und warteten anstandsvoll oder träumten. Irgendwelche Glocken läuteten laut und riefen diese Seelen zur Messe.

Als ich von der Via Forcella in die Via Duomo kam, wirkte der Verkehr geordneter und beinahe ruhig, doch gleich wurde er in der Via San Biagio dei Librai, die man als Verlängerung der Via Forcella bezeichnen könnte, wieder stärker.

Wie andere alte und armselige Straßen Neapels war auch die Via San Biagio dei Librai mit Goldwarengeschäften übersät. Eine matte kleine Vitrine, ein unglaublich glattgewetzter Ladentisch (wie viele Ellbogen und Hände von kleinen

Weiblein werden sich da seit über einem Jahrhundert aufgestützt haben), ein Mann – Larve mit Brille –, der mit der Hand vorsichtig abwiegt und aufmerksam ein funkelndes Stück betrachtet, während eine einfache Frau oder eine Alte, vor dem Ladentisch stehend, ihn mit banger Hoffnung belauert. Ein noch eindringlicheres Schauspiel: Die für den Augenblick leere Falle, und dieselbe Larve, die auf die Türschwelle herausgetreten ist, so als wollte sie sich ausruhen, blickt vage um sich und lauert darauf, wie aus der Menge jetzt ein von vielem Hunger farblos gewordenes Gesicht mit zwei schüchternen Augen näherkommt. Jener Teppich aus Fleisch, der mir, als ich in die Via San Biagio dei Librai einbog, ungeheuer dicht vorgekommen war, war vor Ort nicht mehr vorhanden oder wenigstens nicht so auffallend, genausowenig, wie es ein Fresko ist, wenn man sich ihm nähert. Blieb ein Umstand: Wie schon in der Via Forcella, hatte ich noch nie so viele Menschen beisammen gesehen, die gingen oder stehenblieben, sich anrempelten oder sich mieden, sich von Fenstern her grüßten oder von den Läden her zuriefen, den Preis einer Ware andeuteten oder ein Gebet schrien, mit der gleichen sanften, gebrochenen, singenden Stimme, doch eher im Ton einer Klage als mit der vielgepriesenen neapolitanischen Fröhlichkeit. Es versetzte wirklich in Erstaunen und verdunkelte einem die Gedanken. Vor allem die Zahl der Kinder, diese aus dem Unbewußten hervorquellende Kraft, in keiner Weise kontrolliert oder gesegnet, bestürzte den, der den schwarzen Nimbus beobachtete, der ihre Köpfe umgab. Hin und wieder kam eines aus einem Loch in Höhe des Bürgersteigs hervor, machte ein paar Schritte draußen und verschwand sofort wieder. Die Gassen, die diese an sich schon enge, beschädigte Straße kreuzen, waren noch enger und beschädigter. Ich sah die Bettücher nicht, von der die neapolitanische Tradition so voll ist, sondern nur die dunklen Löcher, vor denen sie früher einmal aufgehängt wurden: Fenster, Türen, Balkone, mit einer Blechdose, in der ein bißchen Zitronenkraut vor sich hingilbte, forderten einen auf, hinter den ärmlichen Platten nach Wänden und Einrichtungsgegenständen und vielleicht sogar nach anderen offenstehenden, mit Blumen bewachsenen Fenstern zu suchen, die auf einen Garten hinter dem Haus wiesen. Aber man sah nichts, außer einem Durcheinander von verschiedensten Dingen, wie etwa Bettdecken oder Bruchstücke von Körben, Vasen, Stühlen, über denen wie ein von der Zeit geschwärztes Heiligenbild die gelben Backenknochen einer Frau, ihre reglosen, nachdenklichen Augen, die schwarze Krone der auf ihrem Kopf mit einer Nadel zusammengehaltenen Haare, die dürren, über dem Schoß übereinandergelegten Arme hervortraten. Am Anfang der Gasse lagen wie ein orientalischer Teppich, der jetzt in lauter Wollflocken und Fäden aufgelöst war, Teile von allem nur möglichen Unrat herum, und auch aus ihrer Mitte erhoben sich blaß und aufgebläht oder auch eigentümlich dünn andere Kindergestalten mit dicken kurzgeschorenen Köpfen und sanften Augen. Sie waren nur wenig bekleidet, die meisten mit einem Hemdchen, das den Bauch bedeckte, fast alle barfuß oder mit Sandalen, mit Schnüren zusammengehalten, aus einer anderen Zeit. Eines spielte mit einer Blechdose, ein anderes, das auf der Erde lag, war dabei, sein Gesicht sorgfältig mit Staub zu bestreuen, einige schienen damit beschäftigt, einen kleinen Altar zu errichten, mit einem Stein und einem Heiligen, und wieder ein anderer ahmte voller Anmut einen Priester nach, drehte sich hierhin und dorthin und erteilte den Segen.

Nach den Müttern zu suchen, schien reine Torheit. Von Zeit zu Zeit kam eine von ihnen hinter dem Rad eines Karrens hervor, schrie fürchterlich, packte das Kind an den Handgelenken, schleifte es in eine elende Hütte, aus der dann Schreie und Weinen drangen, und man sah einen durch die Luft geschwungenen Kamm oder eine auf einem Stuhl stehende Metallschüssel, in die das unglückselige Kind sein schmerzverzerrtes Gesicht hineinzustecken gezwungen wurde.

Den Gegensatz zu dieser gewalttätigen Härte der Gassen bildete die Sanftheit der Gesichter von Madonnen und Jesuskindern, von Jungfrauen und Märtyrern, die in beinahe allen Geschäften der Via San Biagio dei Librai zu sehen waren, gebeugt über eine mit Blumen und feinsten Spitzenbändern geschmückte goldene Wiege, von denen es in der Wirklichkeit nicht die geringste Spur gab. Es bedurfte keiner besonderen Fähigkeit, um zu verstehen, daß die Zärtlichkeit hier ein Kult gewesen und sie gerade deshalb zu einer schlechten Angewohnheit und zu einer Torheit verkommen war; am Ende hatte sich ein Menschenschlag bar jeglicher Logik und vernünftigen Denkens an diesen ungestalten Aufruhr von

Gefühlen geklammert, und der Mensch war jetzt Schatten, Schwäche, Nervosität, resignierte Angst und schamlose Ausgelassenheit. Ein Elend ohne jede Form, still wie eine Spinne, zerstörte und erneuerte auf eigene Weise diese armseligen Gewebe und umgarnte immer mehr die untersten Schichten des Volkes, das hier König ist. Unvorstellbar war der Gedanke, daß die Bevölkerung, statt abzunehmen oder innezuhalten, wuchs und, immer mehr an Blut verlierend, sich vermehrte und die Vorstellungen der öffentlichen Verwaltung gewaltig durcheinanderbrachte, während sie das Herz von Kirchenmännern mit sonderbarem Stolz und eigentümlichen Hoffnungen blähte. Hier wurde Neapel nicht vom Meer benetzt. Ich war mir sicher, daß niemand es gesehen hatte und sich daran erinnerte. In dieser düsteren Grube leuchtete nur das Feuer der Triebe unter dem schwarzen Himmel des Übernatürlichen.

Es war Mittag, und an den vergangenen Tagen hatte es um diese Zeit geregnet. Ich sah, wie sich der Himmel auch jetzt mit einem Watteschleier bezog, der unvermittelt die Schatten der Häuser und die schon kurzen Schatten der Menschen schwächer werden ließ. Ein paar Frauen gingen vor mir her, und vor ihnen zwei hochgewachsene Priester, deren wächserne Hände ein Buch mit rotem Leder umschlossen. Sie verschwanden schon bald mit rauschenden Soutanen unter einem Portikus. Die Frauen hatten weiße Bündelchen in ihren Händen, gelegentlich schauten sie hinein und sprachen seufzend miteinander. Als sie vor der Kirche von Sant' Angelo a Nilo angekommen waren, bekreuzigten sie sich und gingen in den Innenhof, der sich vor ihnen auftat.

O Magnum Pietatis Opus, O Großes Werk der Barmherzigkeit, stand auf dem Giebel des Gebäudes am anderen Ende des Innenhofs geschrieben. Die Fassade von trägem Grau glich derjenigen sämtlicher Krankenhäuser und Altersheime von Neapel. Doch dahinter reihten sich keine kleinen Betten auf, sondern die Schalter der Pfandleihanstalt, des »großen Werks der Barmherzigkeit« der Bank von Neapel. Als ich oben im zweiten Stockwerk des Gebäudes ankam, befanden sich auf der Treppe vor einer der prächtigsten Türen, die ich je gesehen hatte, bereits verschiedene kleine Gruppen armer Leute, die teilweise auf den Stufen, teilweise auf Bündeln saßen: Da waren Schwangere, Alte, Kranke, solche, die sich nicht mehr auf den Beinen halten konnten und einen Verwandten oder eine Freundin gebeten hatten, für sie den Platz in der Schlange freizuhalten.

Ich stieß die Türe auf, vorsichtig bahnte ich mir den Weg zwischen den Körpern und fand mich in einem riesigen Saal mit einer unendlich hohen Decke wieder. Der Saal wurde auf zwei Seiten von hohen Fenstern erhellt, über jedem dieser Fenster befand sich ein weiteres großes Fenster von quadratischer Form, das fest verschlossen war. In den Raum hingen, wie feingewebte Lumpenfetzen, lange Spinnweben herunter.

Es war der Saal für den Schmuckhandel.

Eine große Menschenmenge, die nur dem Anschein nach in einer Schlange stand, lärmte vor den Schaltern für neue Pfänder. Es herrschte große Aufregung, denn just an diesem Morgen war die Anweisung gegeben worden, so wenig wie möglich für jedes Pfand zu geben. Einige Gesichter von zitronengelber Farbe, über deren Köpfe gräßliche Dauerwellen gestülpt waren, wandten in ihren Händen enttäuscht das graue Pfandhauspapier hin und her. Eine dicke Frau, die vor allem aus Bauch bestand, hatte gerötete Augen und weinte für jedermann sichtbar, immer wieder küßte sie eine Kette, bevor sie sich schließlich von ihr trennte. Andere Frauen und einige Männer mit spitzen Gesichtern warteten ordentlich auf der schwarzen Bank an der Wand. Auf dem Boden sitzend spielten Kinder in Hemdchen herum. »Nunzia Apicella!« rief unterdessen die Stimme eines Angestellten weiter drüben bei der spärlichen Schar derer, die ein Pfand auslösten. »Aspasia De Fonzo! ...« Die Rufe folgten von Minute zu Minute, überlagert vom bekümmerten Geflüster des einfachen Volks, das die neue Verfügung beredete und sich nicht damit abfinden mochte. Ein Aufseher mit schwarzem Schnauzbart und großen kraftlosen Augen, der seine Uniform wie einen Morgenmantel trug, ging auf und ab, gleichgültig und gelangweilt, und tat gelegentlich so, als würde er mit seinen Händen in den Reihen wieder für Ordnung sorgen. Er redete mit irgend jemandem, als die große Tür der Halle sich plötzlich öffnete und eine einfache Frau von ungefähr vierzig hereinstürzte, mit roten Haaren, schwarz gekleidet, zwei kleine bleiche Kinder mit sich schleifend. Diese Unglücksperson, deren Namen und Beruf man dann erfuhr, Antonietta De Liguoro, *Zagrellara*, das heißt Kurzwarenhändlerin, hatte auf der Straße gehört, daß die Bank, zu der sie unterwegs war, um eine Kette zu verpfänden, an diesem Tag eher schließen und sie nicht mehr vorlassen würde. Mit rotem Gesicht, verkrampft, mit hervorquellenden blauen Augen flehte sie jeden an, ihr doch den Gefallen zu tun, sie müsse die Kette unbedingt noch vor Schließung der Schalter verpfänden, weil ihr Mann nach Turin fahren müsse, wo ihr ältester Sohn schwer erkrankt sei. Nichts half, sie zu beruhigen. Auch als man ihr versicherte, daß sie sich ohne weiteres in die Schlange stellen könne, schluchzte sie weiter und rief: »Madonna del Carmine, hilf mir!« Viele der Frauen, die kurz vorher selbst noch verzweifelt gewesen waren, kümmerten sich nun um sie. Die am weitesten entfernt Stehenden drückten ihr ihre Anteilnahme aus, die in der Nähe berührten ihr die Schultern, die Hände, brachten ihr die Haare mit der eigenen Haarnadel wieder in Ordnung; gar nicht zu reden von der Fürsorglichkeit, die sie den beiden Kleinen zukommen ließen, mit ihrem langgezogenen und ein bißchen theatralischen *core 'e mamma*, »ach, die Herzchen der Mutter!«. Diese beiden kleinen Geschöpfe, die vielleicht drei oder vier Jahre alt sein mochten und dünn und weiß wie Würmer waren, hatten in ihren wächsernen Gesichtern ein so altes und zynisches Lächeln, daß man nur staunen konnte, und hin und wieder schauten sie mit verschmitztem, fragendem Ausdruck ihre rasende Mutter von unten nach oben an. Eine Art Volksbewegung brachte diese einfache Frau, deren Leben jetzt jeder bis in die kleinste Einzelheit kannte, vor den Schalter, wobei die unerbittliche Bürokratie der Reihenfolge übergangen wurde. Und so verlief das Gespräch, das an meine verzauberten Ohren drang:

ANGESTELLTER, nach Begutachtung der Kette, trocken: Dreitausendachthundert Lire.

ZAGRELLARA: Viertausend, ja?

ANGESTELLTER: Die Verfügung ist aber so, gute Frau.

ZAGRELLARA: Aber mein Mann muß doch den Zug nehmen, ich fleh Euch an, wir haben einen kranken Sohn und diese beiden Kleinen ... Tut es für die Schmerzhafte Muttergottes!

ANGESTELLTER, ganz gelassen: Dreitausendachthundert ... wenn Ihr wollt ... (Und zu einem anderen Angestellten gewandt): Amedeo, sag Salvatore, er soll mir noch 'n Espresso beischaffen ... ohne Zucker ...

Mit geröteten, doch jetzt vollkommen trockenen Augen ging Antonietta De Liguoro kurz darauf an allen vorüber und vergaß stolz oder, eben weil sie solche Angst gehabt hatte, vielleicht auch ohne sie zu sehen, die, die ihr vorher mit christlicher Barmherzigkeit beigestanden hatten. Ihr folgten, sich mit einem Händchen am Rock festhaltend, die beiden Kleinen, die sie nicht einmal zu bemerken schien.

»Bei der da«, sagte der Angestellte zu einem jungen Mann, der wie ein Student aussah und unter dem Arm eine rote Tasche trug, aus der die Franse eines Handtuchs herausguckte, »ist es schon ein Jahr, daß ihr Mann den Zug nach Turin nehmen muß ... Sie hat überhaupt niemand in Turin ... Nicht mal einen Mann hat sie ... Sie will bloß nicht in der Schlange stehen ... ich sag weiter nichts ...« Mit dem Blick folgte er der pfiffigen Kurzwarenhändlerin, die jetzt, nach einem kurzen Aufenthalt an der Kasse, auf die Tür zusteuerte, das Geld und das graue Pfandhauspapier fest an die Brust gedrückt. Düster und voller Mitgefühl vergaß die Menge sich selbst, um das vermeintliche Opfer mit tröstenden Worten und Empörung gegenüber einer uralten Ungerechtigkeit zu begleiten, die jetzt aus allen Mündern drang: »Jesus Christus wird sie trösten ... Die Madonna del Carmine wird ihr helfen ... Gott streut Salz auf die Wunde«, und Blicke voll ungreifbaren Hasses richteten sich auf die Schalter und die Decke, wo man zwischen den dünnen Spinnweben die städtischen Behörden und die Regierung auf- und abspazieren sah.

Unterdessen hatte die gleichgültige Stimme eines Angestellten wieder mit dem Aufrufen begonnen: »Di Vincenzo Maria ... Fusco Addolorata ... Della Morte Carmela ...«

Plötzlich wurde es ganz still, verblüfftes Murmeln voll kindlichen Staunens zog durch die drei Schlangen der neuen Pfänder. »Darf man vielleicht wissen, was los ist?« fragte der Angestellte und beugte sich über den Schalter. Niemand kümmerte sich um ihn. Ein brauner Schmetterling mit vielen goldenen Streifen auf den Flügeln und dem Rücken war wer weiß wie von der Tür an der Treppe hereingekommen und über das Gedränge der Köpfe, der krummen Rücken, der sorgenvollen Blicke geflogen; und jetzt kreiste er, flog nach oben ... flog nach unten ... glücklich ... selbstvergessen, ohne sich irgendwo niederlassen zu wollen. »Hu! ... hu! ... hu! ...« murmelten alle.

»Schau, hier ist der Garten«, sagte eine Frau zu ihrem Neugeborenen, das leise weinte und sein Köpfchen an ihre Schulter lehnte. Eine mißgebildete Alte in der Nähe der Türe hatte den Mund voll Brot und sang.

[1953]

Die Neapolitaner verkörpern für mich eine Art von Menschen, die mir als Personen, vor allem aber auch in ihrer Weltanschauung ungemein sympathisch sind. Sie haben sich nämlich in all diesen Jahren kaum verändert. Sie sind die alten Neapolitaner wie eh und je. Mir ist nun mal die Armut der Neapolitaner lieber als aller Wohlstand der italienischen Republik, die Ignoranz der Neapolitaner ist mir lieber als alle Schulen der italienischen Republik und all die komischen kleinen Szenen – auch wenn sie etwas derb naturalistisch sind –, die man auch heute noch in den Armenvierteln Neapels erleben kann, sind mir lieber als alle komischen Szenen im Fernsehen der italienischen Republik. Neapolitaner geben mir das Gefühl einer extremen Vertrautheit, weil wir gezwungen sind, uns gegenseitig zu verstehen. Neapolitaner nehmen mir jede körperliche Scheu, weil sie, in aller Unschuld, keinerlei Scheu vor mir empfinden. Neapolitaner kann ich etwas lehren, weil sie ihrerseits wissen, daß sie mir durch ihr Zuhören einen Gefallen tun: ein ganz natürlicher Wissensaustausch. Ich kann einem Neapolitaner einfach mein ganzes Wissen vermitteln, weil ich meinerseits vor seinem Wissen einen tiefen, fast mythischen Respekt habe, der aber gerade deshalb voller Heiterkeit und ungebrochener Zuneigung ist. Für mich sind selbst Betrügereien eine Art von Wissensaustausch. Einmal, während einer äußerst gefühlsgeladenen Episode mit einem Neapolitaner, habe ich plötzlich gemerkt, daß er mir gleichzeitig die Brieftasche mauste: Ich habe ihn einfach darauf aufmerksam gemacht, und wir haben uns noch mehr gemocht.

PIER PAOLO PASOLINI

FABRIZIA RAMONDINO

Die verfluchte Sonne

»Schon wieder da, verfluchtes Ungeheuer!« tönte die Stimme der Großmutter im Morgengrauen gegen das hohe Deckengewölbe des Zimmers. Es war ein dunkler, langsam-feierlicher Gesang, der uns im Halbschlaf keine Furcht ein-flößte, da wir an religiöse Zeremonien gewöhnt waren und daran, die Welt in zwei Farben einzuteilen, Weiß und Schwarz. Weiß war die Farbe der Kinder – mit Vorliebe wur-den wir weiß gekleidet, weiß nannte man unsere Stimmen, weißer als die der Erwachsenen waren unsere Zähne; weiß waren die Särge der früh Gestorbenen; weiße Handtücher wurden uns nach dem Bad gereicht, wir ruhten zwischen weißen Laken, alle auf demselben Bett, das uns die Großmut-ter in jenem schwülen Sommer abgetreten hatte, während sie selbst es vorzog, auf dem Boden zu unseren Füßen, inmitten des Luftzugs, zu schlafen, in eine schwarze Kutte gehüllt, weil sie ein Gelübde abgelegt hatte. Und ausgestreckt auf ei-nem schwarzen Tuch auf dem nackten Stein – ein Laken an-stelle des groben Tuchs zu benutzen, wäre ihr wie ein Luxus erschienen; es gab nämlich kein Wasser, die Zisternen waren trocken, fast versiegt die Quellen im Eßkastanienwald. Die grauen Haare, zwischen denen sich hartnäckig jugendliche, kräftige schwarze Strähnen behaupteten, waren immer naß, wir wußten nicht, ob von Schweiß oder von Essigwasser, denn neben ihr Lager pflegte sie abends eine Tonschale zu stellen, in die sie einen Lappen eintauchte, um sich Gesicht und Schläfen zu erfrischen.

Die melodischen Verwünschungen richteten sich nicht gegen ihren Ehemann, der schon seit dreißig Jahren tot war, auch nicht gegen den Sohn, von dem man nichts mehr ge-hört hatte, seit er an die Front in Albanien gereist war, nicht gegen den ältesten der Enkel, der in Afrika an der Front war, nicht gegen den Pächter, der immer Körbe voller Feigen brachte, obendrauf gute, große und reife und darunter schlechte, kleine oder faulige, und auch gegen keines von uns Kindern. Auch nicht gegen die Katze, die nachts kam und ihren Schlaf störte. Man konnte nämlich, wegen der Schwüle, die erst im Morgengrauen nachließ, nur bei weit geöffneten Balkon- und Zimmertüren schlafen; und bevorzugte nächtliche Beute der Katze waren die Haare der Großmutter, die dicht waren und ihr bis zur Taille reichten – sie pflegte sie beim Zubettgehen aufzumachen, damit sie atmen können, sagte sie; außerdem waren sie elektrisch und sprühten oft Funken an Tagen mit Schirokko und in jenen Nächten, in denen eine unnatürliche Hitze herrschte, wie vor einem Erdbeben, sagte sie. Wenn sie es, in den wenigen Stunden, die sie Schlaf fand, versäumte, ihre Haare mit dem Lappen zu befeuchten, wurden sie trocken und knisterten, so daß sie im Mondschein, der ins Zimmer flutete, aussahen wie ein großer Weißdornbusch, in dem das geheimnisvolle Tier ihres Atems verborgen war.

Sie eiferte also gegen keinen Mann, kein Kind oder Tier der Familie, sondern gegen den unerbittlichen Feind jener Jahreszeit, die Sonne, und so fuhr sie fort in ihrem Klagelied oder Stegreifgesang, der einem eigenen Rhythmus folgte: »Du verleitest mich zur Sünde! Den ganzen Tag und die Nacht kocht das Blut mir im Körper! Zorn und Zuchtlosigkeit rufst du in mir wach! Oder machst mich träge, bringst alle Lebensgeister und die Kraft in mir zum Erliegen! Oder läßt Flüche über meine Lippen kommen! Immer noch bist du des Schauspiels nicht überdrüssig, zu dem du mich zwingst: dich zuerst zu verfluchen und hinterher Gott um Vergebung zu bitten für meine Flüche!« Dann kniete die Großmutter, ihre Litaneien singend, nieder – oft wiederholte sie diese Geste im Laufe des Tages, wenn sie wußte, daß sie nicht von Erwachsenenblicken gesehen wurde.

Im Halbschlaf bemerkten wir an dem leichten Knistern ihrer Haare, daß sie sich kämmte. Sie hatte unterdessen Fenster und Fensterläden bis auf einen kleinen Spalt geschlossen, um unseren Schlaf vor dem Licht zu schützen und die aufgehende Sonne, die schon voll Eitelkeit ins Zimmer züngelte, daran zu hindern, es ganz in ihre Gewalt zu bringen. Sie erschien ihr einmal wie ein Drache, dann wieder wie ein Meeresungeheuer, dann wie ein sarazenischer Krieger; dann, als hätte sie sie vergeblich zum Knobeln herausgefordert, wie eine glühende Schere, ein feines Goldpapier, ein weißglühender Meteoritenstein, der mit schwindelerregender Kraft und Schnelligkeit im Vorüberrollen alles niederwalzte.

Während sie sich die Haare auf dem Kopf feststeckte, verwandelte sich der feierliche Singsang in eine leise, süße Totenklage, nur von zärtlichen Küssen unterbrochen, wie es schien – so klang das Knistern ihrer Haare in jenem plötzlichen, willkommenen, noch kühlen Schatten, der unsere nackten Körper leicht erschauern ließ. Alles wirkte darin kristalliner, als bestünde es nur aus Geräuschen, aus bunten Visionen unter geschlossenen Augenlidern, einem schwindelerregenden Gefühl von Aufsteigen oder Fallen, und entbehrte gänzlich der Gerüche, des Geschmacks, der Tastempfindungen. Die Großmutter wandte sich an den Mond, der ihr während der Nacht mehrmals überaus bleich und leuchtend im Rahmen der weitgeöffneten Balkontür erschienen war, als lobte sie in einer zärtlichen Aufwallung eine junge Tochter.* Immer wieder sagte sie ihr, wie frisch und klar sie sei, wie bescheiden noch, wie mildtätig und barmherzig, denn in jener Nacht habe sie ihr die Sinne und die Glieder erfrischt mit ihrem jungfräulichen Schein; und daß sie nicht verstehe, absolut nicht verstehe, wie sie daran denken könne, einen Hausstand zu gründen, sich mit einem Ehemann zusammenzutun, einem Säufer oder Kriegstreiber oder Versager, der sogar noch mit dem Kleingeld knausern werde, obgleich er doch so viele Goldmünzen besitze, mit der Erstbesten werde er sie betrügen, einerlei ob Stern, Bestie oder Hure. Den Refrain zwischen den Strophen, die gewöhnlich aus vier Versen bestanden und in einer literarischen Sprache gehalten waren, sang sie im Dialekt (einer Mischung aus mittel- und süditalienischem Dialekt): »Non ti sposare, nenna mia, non ti sposare! / Ca è meglio sula ca cu isso stare« – Heirate nicht, meine Kleine, heirate nicht! / Denn besser lebst du alleine als in seinem Licht.

Mit atemberaubender Geschwindigkeit stürzten wir durch einen Brunnenschacht, in dem man nie den Grund zu erreichen schien, bis wir auf ein weiches Lager aus Luft fielen. Wir waren wieder eingeschlafen, kaum daß die Großmutter

---

* Im Italienischen ist der Mond, *la luna*, weiblich, und die Sonne, *il sole*, männlich. (A.d.Ü.)

das Zimmer verlassen hatte. Unter dem Deckengewölbe hallten noch ihre letzten Worte nach, mit denen sie dem Mond dankte, ihr in jener Nacht einen Augenblick lang geholfen zu haben, das Grauen und die Last des Körpers zu vergessen und die Meute ihrer unablässigen Gedanken und Obsessionen auf die Himmelsweide geführt zu haben, denn diese drangsalierten sonst unaufhörlich ihr Gehirn, so daß manchmal Blutstropfen hervortraten – oft flehte die Großmutter in der Speisekammer, dem geheimsten Ort des Hauses, kniend darum, die Wundmale Christi zu empfangen, damit, so klagte sie, die ihrem Geist geschlagenen Wunden wenigstens allen sichtbar würden. Wenn sie jedoch leisen Schrittes aus dem Zimmer ging, schien sie Last und Grauen, Ungeheuer und tierische Meuten mit fortzunehmen, als seien sie ein Kreuz, das auf ihren schmächtigen, eleganten Schultern ruhte: Und uns ließ sie nur das Echo ihrer Klagelieder und Wehgesänge zurück, so deutlich, als würde es unendlich wiederholt von dem hohen weißen Gewölbe. Und zu unseren Füßen blieb die Katze, die uns in unserer Verwirrung riesig wie ein Tiger vorkam, aber ein harmloser, gezähmter. Und vielleicht war es ein Übermaß an Schrecken, das uns wieder einschlafen ließ, wie es Kindern manchmal im Boot bei Gewitter geschieht; oder ein Übermaß an Wollust, oder an Wollust und Schrecken zugleich, so wie sie manchmal im Karussell, in den Armen eines Erwachsenen, auf der Achterbahn einschlafen.

[1991]

'O sole mio

Che bella cosa e na jurnata è sole,
n' aria serena doppo na tempesta!
Pe' ll'aria fresca pare gia na festa …
Che bella cosa na jurnata 'e sole.

Ma n'atu sole
cchiù bello, oi ne',
'o sole mio
sta nfronte a te!

Lùceno 'e llastre d' 'a fenesta toia;
'na lavannara canta e se ne vanta
e pe' tramente torce, spanna e canta,
lùceno 'e llastre d' 'a fenesta toia.

Ma n'atu sole
cchiù bello, oi ne',
'o sole mio
sta nfronte a te!

Quanno fa notte e 'o sole se ne scenne,
me vene quase 'na malincunia;
sotto 'a fenesta toia restarria
quanno fa notte e 'o sole se ne scenne.

Ma n'atu sole
cchiù bello, oi ne',
'o sole mio
sta nfronte a te!

Meine Sonne

Wie schön ist ein sonniger Tag,
Heitere Luft nach einem Sturm!
Schon wegen der frischen Luft scheint es ein Fest …
Wie schön ist ein sonniger Tag.

Aber eine andere Sonne,
Viel schöner, Liebste,
Meine Sonne
Scheint in deinem Gesicht.

Es funkeln deine Fensterscheiben,
Eine Wäscherin singt voller Stolz,
Und während sie auswringt, aufhängt und singt
Funkeln deine Fensterscheiben.

Aber eine andere Sonne,
Viel schöner, Liebste,
Meine Sonne
Scheint in deinem Gesicht.

Wenn es Nacht wird und die Sonne untergeht
Kommt mir beinahe die Schwermut;
Unter deinem Fenster möchte ich stehen
Wenn es Nacht wird und die Sonne untergeht.

Aber eine andere Sonne,
Viel schöner, Liebste,
Meine Sonne
Scheint in deinem Gesicht.

Text: Giovanni Capurro
Melodie: Eduardo Di Capua   [1898]

ELISABETTA MORO / MARINO NIOLA

Was für eine Stadt!

Neapel ist eine der großen Metropolen des Mittelmeerraums, auf klassischere Weise antik als selbst Rom und zugleich hochmütig spanisch und orientalisch. Diese Stadt wirkt wie eine aus unzähligen Jahrhunderten komprimierte Datei, in der sich die ursprünglichen Quellcodes zu einem instabilen, wechselhaften, schillernden Flickwerk vermischt haben, das nicht nur Besucher, sondern auch Einheimische verwirrt. Wir leben hier zusammen seit über zwanzig Jahren und ertappen uns oft dabei, wie wir Dan Akroyds Pointe aus *Ghostbusters II* zitieren. Als dessen Freund Egon auf der Jagd nach Gespenstern in der Kanalisation von New York perplex ausruft: »Schaut mal, wie viel negative Energie!«, gibt Akroyd gelassen zurück: »New York, was für eine Stadt!«. Neapel, was für eine Stadt.

Man muss Neapel vom Meer aus sehen. Das ist ein ästhetischer Imperativ, aber auch eine Frage der Wahrheit. Ein Besuch der theatralischsten Stadt der Welt muss seinen Ausgang unbedingt beim Castel dell'Ovo nehmen, wo der Ursprung der Stadt noch in der Luft liegt. Dem Mythos zufolge entstand Neapel an dieser Stelle aus dem Gesang der Sirene Parthenope. Von den gelben Tuffsteinmauern dieser steil über den Wellen aufragenden Aragoneser-Festung aus wirkt die Stadt wie ein Theater, das auf die sich im Blau des Golfs verlierenden Inseln blickt. Auf der einen Seite der Posillipo, auf der anderen der Vesuv, das Schöne und das Schreckliche, was Goethe zufolge bezeichnend sei für den Ort und seine Einwohner, eingeklemmt zwischen den Wassern des Golfs und dem Feuer des Vulkans. Eben ein von Teufeln bevölkertes Paradies!

Die Uferpromenade hat sich in den letzten Jahren zu einer gastronomischen Flaniermeile entwickelt. Hier wird Mittelmeerdiät für jeden Geldbeutel serviert. Pizza, Spaghetti mit Meeresfrüchten, *zeppole* aus frittierten Algen, *pezzogne* in *acqua pazza*, frittierte *alici*. Gemüse in allen möglichen Formen: frittiert, kurz angebraten, gefüllt, als Auflauf. In neapolitanischen Händen verwandelt einfaches Gemüse wie Auberginen und Paprika, *friarielli* (wilder Brokkoli) und *ciurilli* (Zucchiniblüten), Zucchini und Artischocken seine äußere Gestalt und wird zu wahren Leckerbissen. So gut, dass man beim Essen lustvoll die Augen schließen möchte. Das Lustprinzip ist für dieses Volk, das für das Konzept der Sünde gänzlich unempfänglich ist, eine Lebenseinstellung.

Wer diese extrovertierte und zugleich geheimnisvolle Stadt begreifen will, muss sich unbedingt zu Fuß auf den Weg machen. Am besten beginnt man am Ort ihrer Gründung und geht von dort aus die Straßen hinauf, Mündungsäste des Flusses der Zeit. Man durchquert Santa Lucia, ein altes Hafenquartier, unsterblich gemacht durch das gleichnamige Lied, und erreicht in wenigen Minuten die Piazza del Plebiscito, die vom prachtvollen Rosa des von den spanischen Vizekönigen erbauten Palazzo Reale dominiert wird. Auf dieser Piazza, die früher Schauplatz von Festen und Schlemmereien war, ist ein erstes neapolitanisches Frühstück Pflicht. Eine *sfogliatella riccia* und ein *caffè* im Jugendstilglanz des Gran Caffè Gambrinus, wo Oscar Wilde und Sartre, Matilde Serao und D'Annunzio ganze Vormittage verbrachten. Die Lautstärke dort bewegt sich stets im höchsten Dezibelbereich. Es herrscht ein ständiges Geklimper und Geklirr von Tellern, Tässchen und Löffelchen, wie in einem Gedicht von Palazzeschi, *clof, clop, cloch, cloffete, cloppete, clocchete.* Von der gedämpften Atmosphäre der Wiener und Pariser Kaffeehäuser ist man hier Lichtjahre entfernt. Doch nimmt man dieses synästhetische Getöse als völlig natürlich wahr, als Teil der akustischen Landschaft, des Soundtracks dieser Stadt der Klänge, der Harmonien und Dissonanzen, die der große Musiker Hans Werner Henze als einen von Schnörkeln und Verzierungen überbordenden Klangteppich bezeichnete. In der sich das Klang- und Sanggewebe des alltäglichen Lebens mit den großen Begebenheiten der Musikgeschichte verflicht, zu deren europäischen Hauptstädten Neapel einst zählte. Und deren ruhmreiche Jukebox das Teatro San Carlo ist, Operntempel und Weltkulturerbe.

Über der neoklassizistischen Fassade dieses Gebäudes, das Stendhal als das schönste Theater der Welt bezeichnete, thront eine Statue der Parthenope. Ein weiteres Mal begegnet uns hier also das Sinnbild jenes uralten Gesangs, der die Seele dieser antiken Metropole, die das Theater seit jeher in sich trägt, bis auf ihren Grund durchdringt. Neapel ist keine Metropole wie alle anderen, sondern wirkt vielmehr wie eine städtische Szenerie, in der sich Geschichte stets als Theater abspielt. Von den Brettern des Teatro Mercadante, für das Rossini seinen *Otello* und Donizetti sein *La lettera anonima* schrieb, über das Teatro San Ferdinando, das dem Gedenken Eduardo De Filippos geweiht ist, bis zum Teatro Bellini.

Die bevorzugte Bühne für die Neapolitaner, die ihre Stimme erheben, damit jeder an ihren Äußerungen teilhaben kann, ist jedoch die Straße. Walter Benjamin hat geschrieben, dass das Leben in dieser Stadt stets von einer starken Offiziösität geprägt, jegliche Art von Kommunikation gleichsam eine öffentliche und formelle ist. Auch jene mit sich selbst. Jeder Ort eine Bühne, Kulisse, Backstage.

Man kann nicht behaupten, die Stadt zu kennen, ohne einen Abstecher in die Quartieri Spagnoli gemacht zu haben, ein riesiges Schachbrettmuster bildend, das Ende des 16. Jahrhunderts vom Vizekönig Don Pedro de Toledo errichtet wurde, um seine Truppen unterzubringen. Wir betreten dieses Labyrinth am liebsten über den Vico Tre Re, eine enge, dunkle Gasse, die nach den Heiligen Drei Königen benannt wurde. Ein paar Schritte weiter befindet sich das Sanktuarium Santa Maria Francesca delle Cinque Piaghe, das auch noch heutzutage von tausenden Frauen jeglichen Standes, gläubigen wie ungläubigen, aufgesucht wird, die sich auf den wundertätigen Stuhl setzen, damit ihnen die Gnade einer Schwangerschaft zuteilwerde. Mittlerweile kommen auch Touristen. Und in langen Schlangen warten kreuzfahrtreisende Frauen darauf, sich diesem Fruchtbarkeitsritual zu unterziehen. Gleichzeitig verbreitet sich der Ruf der fruchtbarmachenden Heiligen in Chats, Foren und Blogs. So wird das Wunder zum theatralischen Schauspiel.

Die Aufführung geht in der Via Speranzella weiter, der wahren Seele der Quartieri, wo Lokalkolorit zwischen trocknender Wäsche, fliegenden Händlern, spielenden Kindern und vorbeirasenden Mopeds mehr ist als bloße Erinnerung. Auf dieser Freilichtbühne, die einst für die andalusische Schönheit ihrer Straßenverkäuferinnen berühmt war, kann man nachvollziehen, weshalb Montesquieu sagte, in Neapel sei das Volk mehr Volk als anderswo.

Spaccanapoli ähnelt von oben einem Großstadtcanyon, der zwischen gewaltigen Adelspalästen in die Tiefe stürzt, ein

Grabenbruch, der den Körper der antiken Stadt im wörtlichen Sinne zweiteilt. Der französische Schriftsteller Michel Leiris schrieb, es sei dort schwierig, sich einen Weg durch das Gedränge der Schatten zu bahnen. Man wird gleichsam in die Vergangenheit zurückgesogen bis zur Kirche von San Gregorio Armeno aus dem 17. Jahrhundert, dessen heiliger Halbschatten weibliche Körperflüssigkeiten destilliert. Hier bewahren die Nonnen eine Ampulle mit dem Blut der Heiligen Patrizia auf, das sich jede Woche aufs Neue verflüssigt. Anders als bei San Gennaro, wo das nur dreimal im Jahr passiert. Frauen haben immer die meiste Arbeit. Hier beginnt Neapels Bauch, der nicht vom Meer benetzt wird und wo es der Sonne nicht gelingt, jene Schattenlinie zu überschreiten, die die lichtdurchfluteten noblen Etagen von den dunklen Fluren, den sogenannten *bassi*, trennt, in denen das Volk seit jeher seine embryonenhafte Existenz führt. Und die Pizza das Minimum des zum Leben Notwendigen sicherte. In diesem hippodamischen Gitternetz herrschen zwischen *cardines* und *decumani* seit jeher Dynastien von Pizzabäckermeistern, lebende Denkmäler der populären Gastronomie, die heute die Verpflegung der Globish sprechenden Reisenden sicherstellen. Zum Essen hat man nur wenige Minuten Zeit, denn allen Vorurteilen zum Trotz ist Neapel eine Stadt, die es eilig hat. Wie zum Beweis, dass wir uns mitten in einer hochfrequentierten kulinarischen Produktionskette befinden – im Marketing würde man es ein Genussviertel nennen –, liegen nur ein paar Schritte von den historischen Pizzerien entfernt die großen Tempel der *sfogliatelle* und des *babà* wie Scaturchio, sowie das Allerheiligste des *caffè* wie die Bar Nilo, auf dem Platz Largo Corpo di Napoli. Direkt gegenüber befindet sich die majestätische Statue des ägyptischen Flussgottes, der behäbig auf der Seite liegt wie ein alexandrinischer Eunuch. Er beobachtet gleichmütig den Strom der Menschenmassen zu seinen Füßen und blickt wohlgefällig auf eine Strähne von Maradonas Haaren, die in einer kleinen Vitrine der Bar wie die Reliquie eines Popstars religiöse Verehrung erfährt. Der antike Gott behält das neue Idol im Auge. Aber die Neapolitaner, die in ihren Herzen Polytheisten geblieben sind, lieben sie beide.

Neapel ist unzweifelhaft ein Ort der Gleichzeitigkeiten, wo Zeit und Raum miteinander verschränkt sind. Übereinander, gegenüber, nebeneinander. Angesammelt, angehäuft, aufeinander gestapelt zu einem städtischen Konglomerat irgendwo zwischen einer Weihnachtskrippe, einem Bazar und einer barocken Wunderkammer. In der Via Tribunali, dem antiken *decumanus maximus*, ist das Übernatürliche zuhause. Wir kommen zu einem Durchgang, vollgehangen mit Obst und Gemüse wie ein barockes Füllhorn. Hinter ihrer schwarzen Maske folgt uns der Blick einer Statue Pulcinellas. Auf der anderen Straßenseite steht die höchst theatrale Kirche Purgatorio ad Arco. Gleich nach dem Betreten öffnen sich unter unseren Füßen die Pforten des Hades. Eine lange Treppe führt zu einem Hypogäum hinab, das von den Gebeinen Unbekannter bevölkert wird, die von der Volksfrömmigkeit zu Heiligen erhoben wurden. Der am meisten verehrte Schädel ist der von Lucia, die von manchen »die Braut« und von anderen »die Prinzessin« genannt wird. Man sagt, sie erscheine montags, dem Tag der Mondgöttinnen, im Traum, um ihre Gnadenerweise kundzutun. Kaum ist man aus dieser populären Unterwelt emporgestiegen, wird man auch schon wieder in das Meer von Menschenmassen geschleudert. Auch das Okkulte hat hier seinen Platz, das unangefochten in der Cappella Sansevero regiert, die dem Gedenken des Fürsten Raimondo di Sangro geweiht ist, einem Alchimisten, Magier und Nekromanten aus dem 18. Jahrhundert. Die Statue des verhüllten Christus von Giuseppe Sammartino ist ein ebenso großes Wunder wie jenes von San Gennaro. Es scheint, als sei der Marmor geschmolzen und habe sich als Schleier um den vom Kreuz abgenommenen Jesus gelegt, dabei ist er so dünn, dass er den Körper, den er verhüllen sollte, vielmehr wunderbarerweise offenbart. Hier wird Religion zu Rätsel und Theater, zu Täuschung und Enthüllung. Die beiden Descartes'schen Pole der Barockkultur, die hier nie aufgegeben wurde und die von den Malerpaletten auf die Esstische überging, von den mit Speisen überladenen Stillleben aus dem 17. Jahrhundert auf die Unmengen von Köstlichkeiten, die sich in den Auslagen der Geschäfte häufen wie bedrohlich hohe, schwankende Berge.

San Gennaro ist der wahre Gott Neapels, so brachte es Alexandre Dumas auf den Punkt. Eine Übertreibung, die jedoch eine tiefe Wahrheit in sich birgt. Denn der Stadtpatron ist seit jeher der unangefochtene Herrscher im Pantheon der Neapolitaner. Er ist jedoch auch eine ganz besondere Identifikationsfigur. Das Ausmaß seiner Bedeutung lässt sich daran ermessen, dass die Ampullen mit seinem wundertätigen Blut selbst heute noch einer vom Staatspräsidenten ernannten Laien-Deputation unter der Führung des Bürgermeisters von Neapel anvertraut sind. Die zentrale Stellung San Gennaros ist also nicht rein religiöser, sondern auch politischer Natur. Der antike neapolitanische Märtyrer ist Ikone, Beschützer und städtisches Wahrzeichen. Ein Logo mit hoher Auflösung. In den 80ern brachte die Modemarke Moschino mit weltweitem Erfolg sogar ein T-Shirt mit dem Abbild des Heiligen und dem Schriftzug »I love San Gennaro« auf den Markt. Ein perfektes glokales Piktogramm.

Und all das nur dank des wundertätigen Blutes, das der Stadtheilige der Neapolitaner großzügigerweise weiterhin zweimal pro Jahr »vergießt«. Auch wegen dieser Fähigkeit, die kollektive Identität der gesamten Stadt zu repräsentieren, jenseits aller Spaltungen in Gläubige und Ungläubige, hat die Stimme des Volks das Wunder zu allen Zeiten als übernatürliches Zeichen aufgefasst. Das es zu interpretieren gilt wie einen antiken Orakelspruch. Verflüssigt sich das Blut nicht, ist das ein schlechtes Zeichen. Verflüssigt es sich, hat San Gennaro Ja gesagt. Sodass aus dem Heiligen letztendlich ein Spion Gottes wurde, wie es die neapolitanischen Aufklärer verächtlich formulierten. Spion ist vielleicht ein zu starkes Wort, aber der Gott von Neapel ist sicherlich ein Seismograph der kollektiven Stimmungen. Der Hauptdarsteller eines großen gesellschaftlichen Schauspiels, das Gläubige und Ungläubige miteinander verbindet.

[2017]

Santa Lucia luntano 'a te

Partono 'e bastimente
pe 'terre assaje luntane ...
Càntano a buordo: sò napulitane!
Càntano pe' tramente
'o golfo già scumpare,
e 'a luna, 'a miezo 'o mare,
'nu poco 'e Napule
lle fa vedè ...

Santa Lucia,
luntano 'a te
quanta malincunia!
Se gira 'o munno sano,
se va a cercà furtuna ...
ma, quanno sponta 'a luna
luntano 'a Napule
nun se pò stà!

E sònano ... Ma 'e mmane
tremmano 'ncopp' 'e ccorde ...
Quanta ricorde, ahimmè, quanta ricorde!

E 'o core nun 'o sane
nemmeno cu'e ccanzone:
sentenno voce e suone,
se mette a chiagnere
ca vò turnà ...

Santa Lucia,
luntano 'a te
quanta malincunia!
Se gira 'o munno sano,
se va a cercà furtuna ...
ma, quanno sponta 'a luna,
luntano 'a Napule
nun se pò stà!

Santa Lucia, tu tiene
sulo 'nu poco 'e mare …
ma, cchiù luntana staje, cchiù bella pare …
E' 'o canto d' 'e Ssirene
ca tesse ancora 'e rrezze!
Core nun vò ricchezze:
si è nato a Napule,
ce vò muri!

Santa Lucia, fern von dir

Die Schiffe fahren
Nach weit entfernten Ländern …
An Bord singen sie: Es sind Neapolitaner!
Sie singen während
Der Golf schon verschwindet
Und der Mond, mitten auf dem Meer,
Ihnen noch ein Stück
Von Neapel zeigt …

Santa Lucia,
Fern von dir
Welche Schwermut!
Man treibt sich auf der ganzen Welt herum,
Man geht, um sein Glück zu machen …
Aber wenn der Mond aufgeht
Kann man fern von Neapel
Nicht sein.

Und sie machen Musik … Aber die Hände
Zittern auf den Saiten …
Wie viele Erinnerungen, ach, wie viele Erinnerungen!

Und das Herz wird
Nicht einmal durch die Lieder gesund:
Wenn es die Stimmen und die Klänge hört,
Kommt ihm das Weinen
Denn es möchte zurück.
Santa Lucia
Fern von dir
Welche Schwermut!
Man treibt sich auf der ganzen Welt herum,
Man geht, um sein Glück zu machen …
Aber wenn der Mond aufgeht
Kann man fern von Neapel
Nicht sein.

Santa Lucia, dir gehört
Nur ein wenig vom Meer,
Aber je weiter man weg ist, um so schöner
                    erscheint es einem …
Es ist der Gesang der Sirenen,
Der immer noch die Netze webt!
Ein Herz braucht keine Reichtümer:
Wenn es in Neapel geboren ist,
Dann will es dort sterben!

Text und Melodie: E. A. Mario   [1919]

Carmela

’Stu vico niro nun fernesce maie
e pure ’o sole passa e se ne fuie,
ma tu staie llà, tu rosa, preta e stella:
Carmela, Carmè.

E chiagne sulo si nisciuno vede
e strille sulo si nisciuno sente
ma nun è acqua ’o sanghe dint’ ’e vvene,
Carmela, Carmè.

Si l’ammore è ’o cuntrario d’ ’a morte
e tu ’o ssaie,
si dimane ’e sultanto speranza
e tu ’o ssaie,
nun me può fà aspettà fino a dimane:
astrigneme int’ ’e bbraccia pe’ stasera,
Carmela, Carmè.

Carmela

Diese dunkle Gasse hat kein Ende
Und sogar die Sonne läßt sich hier kaum blicken,
Aber du bist dort, du Rose, Stein und Stern:
Carmela, Carmè.

Und du weinst nur, wenn niemand es sieht,
Und du schreist nur, wenn niemand es hört,
Aber das Blut in deinen Adern ist nicht Wasser,
Carmela, Carmè.

Wenn Liebe das Gegenteil von Tod ist,
Und du weißt es,
Wenn morgen nur Hoffnung ist,
Und du weißt es,
Dann laß mich nicht bis morgen warten;
Nimm mich heut nacht in deine Arme,
Carmela, Carmè.

Text: Salvatore Palomba. Melodie: Sergio Bruni [1976]

Die Kanzonen von Neapel

Die Stadt ist seit eh und je von geheimnisvollen Geräuschen erfüllt, von gellendem Lärm und von beunruhigenden Lauten, und es scheint, daß das alles mit Singen zu tun hat, vom Singen herkommt und in Singen mündet.

Aber es fängt an mit dem Sprechen. Nicht Sprechen im europäischen Sinne – es ist ein Durchlaufen aller erdenklichen Klangfarben, immer mit der Tendenz, in Gesang zu münden. Es ist Zärtlichkeit, Weichheit, es ist der rauhe, schwere Laut der Fischersprache, der Tonfall der Taxichauffeure, das Pathos der Commendatori, Seufzen, Schmeicheln, Lästern der Cavalieri, da ist das Flüstern der Rauschgifthändler, und da ist das warme und gute Reden der Liebenden. Und dann geht es in Schreien über: Stimmbänder wie gespannte Bogensehnen, da schnellt der Schrei in die Luft. Wie Revolverschüsse durchstößt er die milchige, klebrige Schicht des brodelnden Klangs, den das Sprechen von Tausenden von Menschen hervorruft.

Die höhnenden Gassenbuben, die zeternde Mutter, der Krawattenhändler, der Verkäufer indischer Feigen, die Verkäufer von Wasser, von Austern, von Sägemehl, von Schweinsfüßen, von Zeitungen, und alle die, die da ihre zeitlosen Karren durch die Straßen schieben, jeder von ihnen hat seinen eigenen Schrei, seine eigenen drei, vier Töne, wörtlich übernommen von Griechen und Mauren.

Es ist eine Sinfonie von Stimmen, in Trillern, in Kadenzen, hier klar und bestimmt, fast fein, dort wütend und böse, wie ein Sterbender, mit katastrophischen Exklamationen. Dann wieder phantasievolle Modulationen, heißblütig, streichelnd, sehnsüchtige Schauer des Lebens, der Zeiten, sich überbietende, sich überlagernde Stimmen.

Bei Nacht, wenn Schreien und Rufen zur Ruhe kommt, sich vereinzelt, wenn die Pausen, die sehr laut sind, sich verlängern, wie die Atemzüge von einem, der schwer einschläft, erinnert das, was von den Gassen bis in die höchsten Etagen noch heraufkommt, an die verlorenen Rufe der Zugvögel, in bedrückender Traurigkeit, oder an Signale eines Mordfalls, eines plötzlich zustoßenden Todes. Wenn dann noch einmal Gesang folgt, hört es sich an wie die Apotheose des Sprechens und des Schreiens – die dritte Stufe, auf die nur noch das Schweigen folgen kann. Solches Singen bedeutet mehr als das Vergnügen der Pariser Chansons, dem es in gewissen Formen noch am ehesten verglichen werden könnte. Singen steht hier für alle die Nuancen zwischen Lachen und Weinen.

Über allen Canzoni, selbst wenn ihr Inhalt burlesk ist, liegt der dunkle wehmütige Ton des Morgenlandes, der Abschied von Tancredi und Clorinda, verwandelt in vulgäre, breite und doch ungemein empfindsame Melodien. Korrupte Höfe haben, mit beispielloser Dekadenz und Grausamkeit, tausend und mehr Jahre lang auf dieses Volk losgeschlagen. Seine Geschichte ist gekennzeichnet durch Elend und Hunger. In den Charakter des Neapolitaners hat sich das ganze Schicksal seiner Vorfahren eingekerbt. Mißtrauen, Neugier, Empfindlichkeit, Leidensfähigkeit, Bedürfnislosigkeit, Gutmütigkeit. Der weitaus größere Teil der Canzoni setzt sich zusammen aus Serenaden, Naturkontemplationen, Liebesklagen und den schwerverständlichen Gesängen der Unterwelt. Von alters her gibt es aber auch den politischen Gassenhauer, das Spottlied. Es gibt noch Versfragmente über die Pest, über eine Regenkatastrophe, Preislieder anläßlich des Eintreffens eines Papstes, Königs oder Botschafters, Freiheits- und Revolutionslieder im leichten 6/8-Takt, Loblieder über die Gasbeleuchtung, die neue Mode – alljährlich kommen ein paar neue Liedchen, mit oft sehr unfreundlichen Texten.

[1958]

Die Sprachen, der Gesang

Meine Familie väterlicherseits war neapolitanisch, aber in Wirklichkeit war sie so etwas wie ein Seehafen. Meine Großmutter, die spanische Vorfahren hatte, hatte einen Griechen geheiratet – einen zypriotischen Griechen aus einer halbtürkischen Familie –, der, als das Ehepaar sich trennte, nach Frankreich ging. Mein Vater hatte einen Teil seiner Schulzeit und seines Studiums in Frankreich und in der Schweiz verbracht. Meine Tante, seine Schwester, hatte einen texanischen Rechtsanwalt geheiratet, einen Offizier der Befreiungstruppen mit französischen Vorfahren. Meine Großmutter war außerdem, wie viele neapolitanische Mädchen ihres gesellschaftlichen Umfelds (wie meine Tante und auch ich, solange ich in Neapel blieb), bei französischen Nonnen zur Schule gegangen. Zu Hause herrschte daher eine Art Dreisprachigkeit: das Italienische, bei dem meine Mutter keine Nachsicht kannte, denn sie hatte eine Schauspielausbildung erhalten und legte Wert auf eine perfekte Aussprache; das Französische, das als Geheimsprache oder als Code der Erwachsenen eingesetzt wurde und auch als Vermächtnis einstigen gesellschaftlichen Glanzes; und der Dialekt. Aber eigentlich bediente man sich des Dialekts so, wie man sich des Französischen bediente: Der Dialekt war alles andere als eine natürliche, eine spontane oder dem Italienischen vorausgehende Sprache, sondern eine Art

Zugehörigkeits- oder vielleicht auch Erkennungscode. Eine nicht so sehr der Kommunikation dienende Sprache, die man bevorzugt hätte, weil sie geschmeidiger, weil sie reicher war, als vielmehr eine Sprache der Komplizenschaft, einer dunklen Lockung. Die Verwendung des Dialekts hatte, eben weil er so bruchstückhaft und so artifiziell war, gewissermaßen etwas Antidemokratisches. Er spielte auf die Distanz, nicht etwa auf die Nähe zum Volk an, das ihn sprach. Ich glaube, das ist der Grund, daß ich in meinem ganzen Leben noch nie ein Wort im Dialekt gesagt habe.

Aber darum geht es nicht: Es geht darum, daß die Stadt für mich, auch wenn sie in jeder Hinsicht Neapel ist, auf Grund dieser Sprachverzerrung und dieses Sprachdurcheinanders keine gesellschaftlichen oder historischen oder pittoresken Merkmale hat, sondern ausschließlich physische, klimatische, vom Licht bestimmte – die glücklichen Begebenheiten des Blicks, die dem Herzen vom intermittierenden Funkeln der Oberflächen das Wesen der Dinge übermitteln.

In meiner unsteten Familie gab es allerdings einen Augenblick, in dem der neapolitanische Dialekt wie durch Zauber die ganze Fülle, die Kraft und die Fähigkeit zur Illusion zurückgewann, den sein von Launen bestimmter gesellschaftlicher Gebrauch ihm genommen hatte. Das war, wenn gesungen wurde. Bei uns zu Hause sangen alle, und darüber hinaus gab es Singabende, auch philologische, mit alten Liedern, die für diese Gelegenheit bis zur Vollkommenheit wiederhergestellt worden waren. Da war der Dialekt kein snobistischer Code mehr, sondern wurde zu einer Sprache. Eine allerdings verlorengegangene Sprache, die Sprache einer Fiktion, der künstlerischen Fiktion, aber auch der Fiktion des Herzens und der Fiktion der nicht verrinnenden Zeit. Jedenfalls eine Sprache, die bereits der Geschichte überantwortet worden war. So war ihre Wirkung die, daß auch die Inhalte dieser Fiktion der Vergangenheit anvertraut waren: das Gefühl, die Leidenschaft, der Kummer, die Süßigkeit, die Wehmut, die Wurzeln. Mit anderen Worten: alles, was wir uns nur schwer erlauben konnten, alles, was uns in der Hast dieses so unvermeidlich prekären Lebens entging.

Es gab eine Gottheit des Gesangs, und die war mein Vater. Die Stimme meines Vaters war die weichste, die auf natürliche

Weise musikalischste Stimme, die ich je in meinem Leben gehört habe. Mein Vater war das vorbestimmte Opfer, der Sündenbock: Auch damals teilte mir das der Zauber seiner so unbeschwert sich verschenkenden Stimme mit, nur daß ich den Sinn dessen nicht verstand. In gewisser Hinsicht war er ein wenig geeigneter Sündenbock: Es gelang ihm nicht, den Ruin von den anderen Mitgliedern der Gruppe abzuwenden. Statt dessen praktizierte er einen kleinen, aber lebenswichtigen Exorzismus (ob nützlich oder schädlich, bleibe dahingestellt). Weil er der einzige sentimentale Mensch in der Familie war, wandte er für immer den Dämon der Sentimentalität von uns ab. Kraft seines Gesangs waren wir alle, ich inbegriffen, damals ein kleines Mädchen, oft rasend, verzaubert, melancholisch, euphorisch, verdammt. Sentimental nie.

Und schließlich übte in der Stadt, von der ich spreche, einer Stadt reiner bewohnter Natur – Wasser, Licht, Verschattendes –, und bei der ich nur aus Abneigung vor literarischer Verstellung nicht zögere, sie bei ihrem richtigen Namen zu nennen, Neapel, die menschliche Stimme in ihrem von mir verleugneten Dialekt noch einen weiteren entscheidenden Zauber aus. Das war, wenn sie wie ein Pfeil durch die Luft hin und her flog zwischen den Ladenbesitzern, den Leuten in den Gassen, den Straßenverkäufern. Ihre Feinheit, die auf ihrem Grund in vielerlei Weisen vorhanden war, sowohl im Dialekt als Zeichen der Zugehörigkeit als auch in der fiktiven Sprache der Kanzonen, wurde dann zum Urschrei. Ich erinnere mich, daß ich, wenn ich krank war, Tage und Tage damit verbrachte, die Schreie der Straße zu entschlüsseln, oft ohne Ergebnis. Es handelte sich dabei nicht um Sprache oder Gebrauch, nicht um Austausch oder Wert, sondern um ein Auftauchen der Prähistorie des Lauts, des Augenblicks, in dem die Stimme vom Laut zum Wort werden will. Noch immer, wenn ich heute an Neapel denke, denke ich nicht nur an die Farbe des Lichts – azurblau oder bernsteinfarben, und an seine ganz bestimmte Eigenschaft der Transparenz und der Penetranz –, sondern an diesen Klang. Er ist für mich die Urstimme des Seins, die Stimme der Leidenschaft, die keine Bindung, keine normale Beziehung zu einem anderen einzugehen vermag und auch nicht zum erzählten Wort werden kann. Welchen Sinn hätte es, einer Transkription dieser Laute nachzujagen? Oder dialektale Wörter einzufügen, als wären sie vielsagende Funde einer verlorengegangenen Sprache? Die verlorene Sprache ist in mir und in der Kehle meiner Schiffbrüchigen, sie ist unser persönliches Klang-Eden, das kein transkribierter Dialekt vor Augen rufen kann. Und was die Leidenschaft hinter diesen Klängen angeht, weiß ich, daß sie nur das stumme Hinterland dieser Geschichte sein kann, der Laut, der nicht zum Wort wird und aus der Ferne der Stimme in Glanz und Niedergang die Richtung weist.

Als ich nach Rom zog und eine öffentliche Schule besuchte, die Grundschule Regina Elena, war der größte Schock, den ich erlebte, klanglicher Natur. Denn an Stelle des schillernden, verzaubernden Klangs der verlorenen Stadt gab es da die seltsame, unmodulierte und vor allem hohle Sprache meiner neuen Schulfreundinnen, fuchsschlauen, erbarmungslosen und argwöhnischen Mädchen, zumeist Töchtern von Leuten, die von weither nach Rom gezogen waren, um auch sprachlich in die Stadt einzutreten; eine Sprache, die mir vorkam, als wäre sie ausschließlich für dienstliche Mitteilungen gemacht, ohne Resonanzen und mithin wenig geeignet, um Gefühle und innere Bewegungen zu erzählen. Zumindest: meine Gefühle, meine inneren Bewegungen.

[1997]

Spaghetti

Wer das Paradies durch eine Tür betritt, ist nicht in Neapel geboren; wir halten unseren Einzug in den Palast der Paläste, indem wir einen dünnen Vorhang aus Spaghetti behutsam beiseite schieben. Wir wurden in Eile gestillt, während die Spaghetti kochten; rasch nahmen unsere Mütter uns von der Brust und steckten uns ein abgebrochenes Spaghettistück in den Mund; vorher hatten sie den Sugo abgeleckt oder es auch nur geküßt. Was hinterlasse ich wohl meinen Kindern, wenn nicht die Spaghetti, die ich erbte? Die Hauptsache ist, sage ich, daß ihr sie stets dem Gemütszustand und den Umständen anpaßt. Macht keinen Schritt weiter, als die Beine lang sind. Spaghetti, ja, aber Hand aufs Herz: wer seid ihr denn, um sie auf Genueser Art, oder »alle vongole«, mit Muscheln, zu wollen, oder gar mit Wurst durchsetzt, oder bläulich mit Oliven aus Gaeta, oder silbrig von Sardellen, oder gesprenkelt mit Mozzarella, oder (der Herr sei mir gnädig) »al gratin«, überbacken? Die Spaghetti, die ich euch hinterlasse, sind blitzschnell und bescheiden, sind gerade und zugleich nachdenklich, sind eine Improvisation und eine Maxime: sie sind die ideale Speise für jemanden, der vom frühen Morgen bis zum Abend geschuftet hat: Spaghetti mit Knoblauch und Öl. Jedermann, mit Hut auf dem Kopf oder dem Mantel über dem Arm, kurzsichtig oder schwerhörig, zufrieden oder verzweifelt, ist imstande, sie zuzubereiten. Während das Wasser siedet, bruzzelt das Öl um den Knoblauch, ein grausames Gelächter, das ihr mit mitleidigen Blättchen Petersilie zudecken müßt; nehmt ein leichtes Anbrennen dieser im Handumdrehen hingezauberten Sauce in Kauf, es lohnt sich, denn der Geschmack, den sie den Spaghetti verleiht, übertäubt und beseitigt ganz andere Bitternisse; ein Keil treibt den anderen, erinnert euch daran: Don Barletta, der am Ponte di Tappia Kreisel herstellte, ließ den Knoblauch in der Pfanne schwarz werden, es gelang ihm dadurch, sogar die Untreue seiner Frau zu ertragen, er konnte sich damit abfinden wie mit einer Steuer. Ja, meine Kinder, ihr sollt niemals einen Toten beweinen (mich am allerwenigsten) ohne Spaghetti, die jeden Kummer besänftigen, ohne den fern erahnten Duft von Spaghetti, der den Dunst brennender Kerzen erreicht und erträglich macht. Keine Saucen, keinerlei Fett: richtet sie bei Trauerfällen in der Familie nur mit Ricotta an. Auf den Wink der alten Tante, die sich unter der Türe zeigt, wischt der bejahrte Verwandte sich die feucht gewordenen Augen, erhebt sich, geht ganz leise in den Hausflur und huscht in die Küche. Auf dem wohlgeformten Berg der Spaghetti leuchtete hellweiß und keusch das Dreieck des Ricotta; der Mann zerbröselt es mit der Gabel, alles wird weiß auf seinem Teller und in seinem Herzen, er sagt danke, sagt »Friede den Seelen im Fegefeuer«, und dann ißt er, lächelnd über seine Tränen, das Land, auf dem das Korn wuchs, das die Spaghetti lieferte, die Sonne, die sie nährte, die frische Brise, die sie mit sanfter Geduld kämmte und zerteilte: er ißt sogar, dieser gebenedeite Don Carmine oder Don Vincenzo, den Eimer, in dem die widerstrebende Milch gerann, um sich in Ricotta zu verwandeln; der Anblick des Todes schärft ganz außerordentlich unser Empfindungsvermögen, und jener denkt jetzt, daß aus Holz ebenso eine Bahre wie auch ein Schemel für die Magd zum Melken gemacht wird, oder er denkt überhaupt nichts. Inzwischen hat die Alte einen zweiten Teller gefüllt – der Rangordnung nach und für einen weiteren Anverwandten des armen Don Peppino. Ich habe mich selbst als Beispiel genommen und betone nochmals: bei Todesfällen und Geburten verordne ich euch, meine Kinder, ausschließlich Spaghetti. Spaghetti aß mein Vater in unserer großen Küche, während ich im Begriff war, zur Welt zu kommen (er strich sich nachdenklich den Bart, spitzte die Ohren und rief von

Zeit zu Zeit »nun, nun, wie weit ist es?«), Spaghetti werdet ihr essen, einer nach dem anderen, damit ich euer Fehlen nicht bemerke und in Ruhe zwischen den Blumen und Kerzen weiter erstarren kann. Seid stark, Kinder; das bedeutet: kocht sie mit viel Wasser, die Trauerspaghetti, bringt sie »al dente« auf den Tisch, gerade so weit gar, daß die Zähne noch leichten Widerstand spüren, und guten Appetit!

Die Leute in Neapel meinen, daß Spaghetti uralt sind, daß es sie seit eh und je gibt, das Volk glaubt, sie erfunden zu haben. Und irrt. Wem hätten sie auch einfallen können, wenn nur die Könige und der Hofstaat beim Erwachen wußten, daß man gegen ein Uhr essen werde? So hatten die Spaghetti ihren Ursprung in Sizilien oder in Sardinien oder im Kirchenstaat. Indessen ernährten die Neapolitaner sich von Gemüsen, vom zarten Kraut der Rüben, »cime di rape«, mit Brot. Auch ich verspüre manchmal Lust darauf und verlange es, es muß irgendein ferner Vorfahr sein, der mich ruft, um mir Vorwürfe zu machen: Denk daran, sagt er zu mir, daß vor dreihundert Jahren die Spaghetti bei uns ein unerhörter Luxus waren, wir konnten sie uns ein paarmal im Jahr leisten; bei den ersten Anzeichen von Hungersnot wurde ihre Herstellung verboten; ein trauriges Sprichwort mahnte: Seid auf der Hut, die Spaghetti richten Familien zugrunde. Dies wurde mir von dem Freund mitgeteilt, der mich eine große Teigwarenfabrik in Genua besichtigen ließ; man wußte in jener komfortablen Hochschule alles über Leben, Tod und Wundertaten der Spaghetti. (Ich sah in den Lagerhallen eine unendliche Landschaft von langen blauen Verpackungshüllen; mich für immer hierher flüchten, mit einem Kochtopf und dem entsprechenden Vorrat an Tomatenmark, dachte ich, ach, weshalb entschließe ich mich nicht, die Welt verachtend, Mönch in Klausur beim Orden der Spaghetti zu werden?) Meinem Freund antwortete ich errötend, daß, wenn Neapel erst spät die Spaghetti kennenlernte, dies Bescheidenheit vor der Geschichte war, und nicht Trägheit; nach Überwindung ihrer Schüchternheit machten sich Neapels Bewohner mit Eifer und Hingebung ans Werk, ich wurde noch in der Zeit geboren, als es von Capodimonte bis zum Posillipo mehr Spaghetti als Krankheiten oder nicht eingelöste Wechsel gab. Ich sehe die großen Messingwaagen noch vor mir, deren mächtige Waagschalen an drei Ketten hingen: sie forderten auf, zentnerweise Spaghetti zu kaufen, waren aber auch im stande, nur wenige Halme abzuwiegen. Eine Waagschale senkt sich mit ihrem Bündel Spaghetti, und ein Menschenalter ist vergangen, vielleicht ein ganzes Leben. Wieviel braucht ihr für eure Mahlzeit? Wir waren eine Familie für »dreiviertel«, siebenhundertfünfzig Gramm; den Ausdruck »dreiviertel« müßte ich auf mein Wappen schreiben lassen, wenn ich eines hätte, er klassifizierte uns in den Läden und vor Gott; wir hörten ihn jahrelang zwischen Tisch und Herd wiederholen; oft enthielt meiner Mutter Herz nichts anderes als diese Worte und eine Faust voll schwarzblauem Salz.

Ja, die Spaghetti kennzeichneten das Panorama Neapels mehr als der Vesuv und das Meer. Der Winkeladvokat kehrte heim und trug sie unterm Arm, in amtliches Steuerpapier gewickelt; jede Gasse schien eine Speisehalle zu sein, voller Geschöpfe Gottes, die unter der Tür ihrer Bassi einen Teller auf dem Schoß hielten; auf den kleinen Plätzen in den Ventaglieri, in Sant' Eligio, im Cavone, in Foría, in den Tribunali, in Port'Alba wurden auch zubereitete Spaghetti verkauft, es gab da riesige Garküchen im Freien, mit Töpfen, die den Louvre hätten enthalten können; »un due!«, »un tre!«, riefen die Kellnerjungen, wenn sie dem Koch die Teller hinhielten, und verstanden darunter Portionen zu zwei oder zu drei Soldi, den Fünfpfennigstücken der damaligen Lira. Wer sich nicht an Spaghetti sättigen konnte, sog deren Duft ein, und die Kräfte kehrten ihm gleichwohl wieder; die Kunden aßen, den glühendheißen Teller in der einen Hand und die Zinngabel in der anderen, gegen uralte Mauern gelehnt, und sahen Schatten vor Erregung schwanken, jenseits des Feuers und der Lichter, wie die Kleider einer geliebten Frau, die wartet. Welch schlichter Erdenfleck, was für leicht ins Dasein sich fügende Menschen! Spaghetti oder keine Spaghetti, das war die Frage. Die zahllosen heutigen Alternativen quälen uns doch nur, machen den Irrtum verhängnisvoll und zwangsläufig. Wir müssen uns wieder den Spaghetti nähern, mit der Geduld und Liebe von damals. Verlassen wir die verworrenen gewölbten Kathedralen modernen Trachtens, mit ihren Symbolen, ihren Ansprüchen, ihrer Angst; kehren wir zur sanften Wirklichkeit der Spaghetti zurück. Sie sind vielleicht die einzige Frage, die wir stellen, auf die Gott antworten kann und immer geantwortet hat: ja, Spaghetti, nein, Spaghetti.

[1958]

TOTÒ (ANTONIO DE CURTIS)
Über die Liebe

Core analfabeta

Stu core analfabeta
tu ll'hê purtato â scola,
e s'è mparato a scrivere,
e s'è mparato a lleggere
sultanto 'na parola:
«Ammore» e niente cchiù.

Analphabetisches Herz

Dieses analphabetische Herz
hast du in die Schule getragen,
und es hat schreiben gelernt,
und es hat lesen gelernt
ein einziges Wort:
Liebe. Nichts weiter.

Si fosse n'auciello

Si fosse n'auciello, ogne matina
vurria cantà ncoppa 'a fenesta toja:
«Bongiorno, ammore mio, bongiorno, ammore!»
E po' vurria zumpà 'ncoppa 'e capille
e chianu chiano, comme a na carezza,
cu stu beccuccio accussì piccerillo,
mme te mangiasse 'e vase a pezzechillo …
si fosse nu canario o nu cardillo.

Wenn ich ein Vogel wäre

Wenn ich ein Vogel wäre, würde ich
jeden Morgen an deinem Fenster singen:
»Guten Morgen, meine Liebste, guten Morgen,
                                    Liebste!«
Und dann würde ich in deine Haare springen
und langsam, langsam, ganz zärtlich
mit diesem kleinen Schnäbelchen
dich fressen mit Zwickzwackküssen …
wenn ich ein Kanarienvogel oder ein Stieglitz wäre.

'A cunzegua

'A sera quanno 'o sole se nne trase
e dà 'a cunzegna â luna p' 'a nuttata,
lle dice dinto 'a recchia: «I'vaco â casa:
t'arraccumanno tutt' 'ennammurate.»

Die Instruktion

Am Abend, wenn die Sonne verschwindet
und dem Mond die Instruktion für die Nacht gibt,
sagt sie ihm ins Ohr: »Ich gehe nach Hause,
empfehle dir alle Verliebten.«

Totòs Verse rufen in mir das Neapel meiner ersten Liebesgeschichten wach. Andere Zeiten, andere Abenteuer! Wir hatten alle kein Geld, und geliebt wurde auf der Straße, dort, wo es eben möglich war; im Dunkel der Gassen und unter den Bogen der Hauseingänge. O Gott, was heißt schon geliebt, reden wir eher von ein paar Küßchen, ...
Und gerade was diese Knutschereien betrifft, hat mich Totò mit einem seiner Gedichte, *Wenn ich ein Vogel wäre*, an die Zwickzwackküsse erinnert. Ich übersetze das für die Jüngeren und die Nicht-Neapolitaner. Zwickzwackküsse waren ganz besondere Küsse, man gab sie, indem man dabei den anderen ein ganz kleines bißchen mit den Fingern in die Wange gekniffen hat, ungefähr so, wie es ein kleiner Spatz tut. Solche Küsse haben normalerweise die Mütter den kleineren Kindern gegeben, wenn sie sie am Abend zu Bett brachten. Aber auch wir, Lebemänner der dunklen Gassen, haben diese Küsse gebraucht, um unsere grenzenlose Liebe auszudrücken, immer in der Angst, dabei von einem zu Handgreiflichkeiten neigenden Vater oder von einem Scheusal von Bruder erwischt zu werden ...

LUCIANO DE CRESCENZO

Die Neapolitaner und der Vesuv

Es gab einen historischen Augenblick, zwischen dem sech-
zehnten und dem siebzehnten Jahrhundert, da passierte in
Neapel »alles«. Die Geschehnisse, die innerhalb weniger
Jahrzehnte aufeinanderfolgten, lassen sich zu einer ein-
drucksvollen Sequenz zusammenfassen: 1538 Ausbruch des
Monte Nuovo; 1631 (und dann wieder 1660, 1682, 1685, 1689,
1694) Ausbruch des Vesuv; 1656 Pest; 1688 Erdbeben. Dieser
Liste außergewöhnlicher Naturereignisse ist natürlich noch
ein anderes Datum anzufügen, nämlich 1647, das Jahr des
Masaniello-Aufstands. Lauter bedeutsame Ereignisse, die
nicht nur Leid und Umwälzungen brachten, sondern auch
eine reiche Ernte an Gelegenheitsschriften.

Vor allem aber hatten sie die Kraft, die gesamte künstleri-
sche Produktion, ja vielleicht sogar das Wesen der Stadt vom
siebzehnten Jahrhundert an zu prägen bzw. mit einer durch

sie erzeugten Geisteshaltung zu durchdringen. Jene so kunstreiche, zunächst manieristische, dann barocke Literatur, die sich hier in höchstem Grad behauptete, war entstanden, um, wie ein Wissenschaftler schrieb, den »gewaltigen Kunststücken der Natur« etwas entgegensetzen zu können.

Die Reihe der Heimsuchungen beginnt, wie wir gesehen haben, mit zwei Vulkanausbrüchen. Die Eruption im sechzehnten Jahrhundert, durch die bei Pozzuoli der Monte Nuovo entstand, war gewissermaßen ein »Vorbote« der weitaus besorgniserregenderen von 1631. Bis dahin schienen die Neapolitaner den Vesuv vergessen zu haben. Ob ein früherer großer Ausbruch im Jahr 1306 wirklich stattgefunden hat, ist zweifelhaft; aller Wahrscheinlichkeit nach hatte der Vulkan seit 1139 Ruhe gegeben. Der Berg war mittlerweile bis an den Rand des Aschenkegels kultiviert worden, und der Krater mit Wald bedeckt. Nach der berühmten Eruption von 79 nach Christus hatte der Vesuv nur bis zum Mittelalter Lava und Lapilli ausgeworfen, insgesamt sieben Mal, besonders verheerend in den Jahren 202 und 472 (als er Pompeji, das gerade dabei war, aus den eigenen Trümmern wiederzuerstehen, den Todesstoß versetzte), und im Jahre 512 (als der Gotenkönig Theoderich Steuererleichterungen für die schwer geschädigte Bevölkerung beschloß).

Als der Vesuv dann am 16. Dezember 1631 aus seinem langen Schlaf erwachte, kam dies einer regelrechten Katastrophe gleich. Sie forderte dreitausend Todesopfer; stellenweise floß die Lava bis zum Meer; eine schwarze Wolke verdunkelte viele Tage lang den Himmel über Süditalien bis nach Apulien.

In dieser schweren Bedrängnis wurde Neapel wieder einmal die wunderbare Hilfe ihres großen Schutzheiligen zuteil. San Gennaro nämlich war es, der die Stadt vor dem Wüten des Vulkans errettete. Am Tage seines durch zahlreiche Prozessionen, Bußrituale, Fastenopfer und Novenen herbeigerufenen Frühlingswunders* gebot San Gennaro der Lava Einhalt, und dieses Ereignis wurde in einer Unzahl von Büchern und auf vielen außerordentlichen Gemälden verherrlicht. Das wohl bemerkenswerteste Werk ging aus den äußerst produktiven Jesuitenkreisen hervor: die zehnbändige Abhandlung *De incendio Vesuvii* des Pater Giovan Battista Mascolo, ein

---

* Das »Frühlingswunder« der Verflüssigung des Blutes von San Gennaro im Dom zu Neapel vollzieht sich am ersten Sonntag im Mai. (A. d. H.)

ambitiöses Werk, das sich als entscheidende und vorläufig endgültige Grundlage für die Erforschung des Vulkans und seiner Tätigkeit verstand.*

Dem Werk liegt eine fundierte Recherche zugrunde, wenn auch bei der Argumentation hie und da beträchtlicher Tribut an die Frömmigkeit entrichtet wird. An manchen Stellen ist es jedoch gerade diese religiöse Komponente, die den Stoff für eine ausholende, lebendige und kraftvolle Erzählung liefert. Wunderschön ist beispielsweise die Schilderung des Augenblicks, da das alljährlich auf wundersame Weise sich verflüssigende Blut des Heiligen die Eruption zum Stillstand bringt. »Nichts wurde dem Vesuv mehr zum Verhängnis«, heißt es bei Pater Mascolo, »als jenes brodelnde Blut, das flüssig wurde, um die Steine am Fliegen zu hindern. San Gennaros Blut verflüssigte sich, auf daß das unsrige nicht vor Entsetzen versteinert werde; hier brodelte und schäumte es, auf daß dort die Wut sich lege, es wallte und bebte, damit das fürchterliche Beben der Erde aufhöre … Am Ende war gleich dem Blut in jener Wunderphiole auch die Stadt aufgelöst: in Tränen.«

Auffällig ist an diesem Text die beseelte Sicht der irdischen und der göttlichen Natur, die sich in der geheimnisvollen und vitalen Beziehung der Dyade Feuer–Blut begegnen, welche zugleich eine dialektische Beziehung zwischen Leben und Tod ist.

Tyrann, Vernichter (der »Vernichter Vesevo« aus Leopardis *Ginster*)**, gräßlicher Höllenschlund: Die Aura des Schrecklichen umgibt den Vesuv seit jenem verhängnisvollen Dezember 1631. Dennoch wurde der Feuerberg in der neapolitanischen Vorstellungswelt kraft uralter Gewohnheit zu einer ambivalenten Erscheinung: Mörder und Wohltäter in einem, hatte doch die drohende Katastrophe ihre nutzbringende Kehrseite. Der höchst fruchtbare Vulkanboden ist zugleich Anfang und Ende der Glücklichen Campania.

Doch es geht auch um eine Beziehung von Liebe und Tod. Eben jene manieristische, die Kontraste liebende Literatur brachte eine ganze Reihe von Legenden hervor, um in

* Giovan Battista Mascolo, *De incendio Vesuvii*, Neapel 1633. (A. d. H.)
** Bezieht sich auf Giacomo Leopardis 1836 am Vesuv entstandenes Gedicht *La ginestra o il fiore del deserto* (»Der Ginster oder die Blume der Wildnis«). (A. d. H.)

ovidscher Manier von den »Metamorphosen« zu berichten, in denen sich Männer und Frauen in liebliche Orte im Umkreis des »Kraters«, also des weitgeschwungenen Golfs von Neapel, verwandelten.

Für Bernardino Rota, einen Dichter des sechzehnten Jahrhunderts, waren Vesevo und Sebeto (Neapels heute versandeter Fluß) zwei junge Männer gewesen, die beide in die Nymphe Leucopetra (Pietra Bianca, weißer Stein, eine Ortschaft bei Portici) verliebt waren. Als die Nymphe eines Tages am Meeresufer spazierenging, verfolgten sie die beiden und hatten sie fast gefangen, doch die Jungfrau flehte die Götter an, ihre Tugend zu retten, und wurde flugs in einen Stein verwandelt. Aus Schmerz darüber vergoß Sebeto einen Strom von Tränen und wurde zu einem Fluß; Vesevo stieß heiße Seufzer und schließlich Feuer und Flammen aus. Er hatte sich in einen Vulkan verwandelt.

Eine Variante dieser Legende liefert uns im siebzehnten Jahrhundert Pompeo Sarnelli in der *Posilecheata*, einem im neapolitanischen Dialekt geschriebenen Märchenbuch, das von Giambattista Basiles *Cunto de li cunti* inspiriert ist. Der Edelknabe Vesuvio verliebt sich in die schöne Capri, die seine Liebe auch erwidert, während beide Familien jedoch gegen die Verbindung sind. Capri wird deshalb aus der Stadt fortgeschickt, ans Kap der Minerva, jenseits von Sorrent, wo sie sich vor Sehnsucht verzehrt, bis sie eines Tages beschließt, ihrem Schmerz ein Ende zu machen, und sich ins Meer stürzt. Wie durch ein Wunder wird sie zu einer Insel. Als Vesuvio in Neapel die traurige Nachricht erfährt, packt ihn eine solche Verzweiflung, daß er sich in einen Feuerberg verwandelt. Aber die Götter, tief gerührt, fügten die Dinge so, daß die beiden Liebenden einander wenigstens in alle Ewigkeit ansehen können. Eben dieser dauernde Anblick der Insel ist der Grund, weshalb Vesuvio »immerfort brennt und unaufhörlich Feuer ausspeit, und wenn er in Zorn gerät, läßt er die ganze Stadt Neapel erzittern; die bereut, aber vergeblich, daß sie ihm nicht jene gab, die er ersehnte«*. Seit 1631 trägt der Vesuv wieder die wohlbekannte Rauchfahne. Er wurde zur Weltattraktion, die von Zeit zu Zeit mit spektakulären Eruptionen aufwartete. Seine »moderne« Karriere umfaßt etwa

---

* Deutsch nach Pompeo Sarnelli, *Die fünf Märchen vom Gastmahl in Neapel*, Frankfurt (Insel) 1988, S. 94. (A. d. H.)

zwanzig Eruptionsphasen und ebenso viele trügerische Ruhepausen. Die denkwürdigsten Jahre waren 1794, als Torre del Greco zerstört wurde; 1895–99, als der Vulkan einen neuen Hügel bildete, der zu Ehren des Königs den Namen Umberto erhielt; 1906 (damals richtete der Vulkan erhebliche Schäden in den umliegenden Dörfern an); und schließlich 1944, als die (von Curzio Malaparte in *Die Haut* geschilderte) Eruption wie eine titanische Rebellion gegen den Krieg erschien.

Der Vesuv ist der wichtigste Bestandteil aller bildlichen Darstellungen Neapels. Obwohl er seit fast fünfzig Jahren nicht mehr raucht und die Menschen fast vergessen zu haben scheinen, welche Gewalt in ihm steckt, malen ihn die Maler historisierender Gouachen unerschütterlich weiter mit Rauchfahne, wie es übrigens auch Andy Warhol in einem seiner letzten Bilderzyklen getan hat. Die unkontrollierte und gewissenlose Bautätigkeit setzt heute dem Vulkan hart zu; in Torre del Greco wurde ein Krankenhaus genau auf der Stelle errichtet, wo sich nach einer Eruption die Erde geöffnet hatte. Dabei hat die Region Kampanien den Plan für einen Naturpark längst vorliegen: doch damit wird es wohl noch gute Weile haben.*

Am 6. Mai 1830 wurde die touristische Bestimmung des Vulkans durch die Eröffnung einer Seilbahn gefeiert, die – obwohl die nach *O sole mio* vielleicht berühmteste neapolitanische Canzone *Funiculì funiculà* mit dem Text von Peppino Del Turco und der von Luigi Denza komponierten Melodie auf sie zurückgeht – heute nicht mehr existiert, wenn auch des öfteren von ihrer Wiederherstellung die Rede ist. Dafür gibt es jedoch einen wunderschönen Sessellift, der uns, vor dem grandiosen, paradiesischen Panorama der mitteltyrrhenischen Küste schwebend, auf einer höllischen Strecke von höchst launischer Schönheit bis zum Kraterrand trägt.**

Seit in Europa gereist wird, ist wohl die halbe Welt auf dem Gipfel des Vesuv gewesen, darunter viele illustre Besucher, die – wie der begeisterte Shelley – vor der Bergfahrt »das Zentrum der begrabenen Stadt« aufgesucht hatten, jenes Pompeji, das seit Ende des achtzehnten Jahrhunderts zu einer

---

* Der Text stammt von 1993, der *Parco Nazionale del Vesuvio* ist inzwischen eingerichtet worden. (A. d. H.)
** Auch dieser Sessellift existiert inzwischen nicht mehr (A. d. H.)

noch spektakuläreren Attraktion geworden war. So würden also, »falls eine neue Eruption Pompeji begraben und auch die Erinnerung an die antike Stadt auslöschen sollte«, wie Israel Sangwill Anfang unseres Jahrhunderts schrieb, »die Archäologen des fünfzigsten Jahrhunderts höchst verwirrt vor dem Rätsel des kosmopolitischen Volks stehen, das bei den Ausgrabungen ans Licht käme: Wilde, blondbehaarte Germanen mit weißen Helmen, alte Briten im Reiseanzug; ausgestorbene Kentauren-Arten amerikanischer Radfahrer«.

Ja, falls eine neue Eruption … In den letzten Jahren haben Wissenschaftler wiederholt darauf hingewiesen, daß eine reale Gefahr besteht, was indes, wie wir gesehen haben, nicht verhindert hat, daß weiter gebaut wird. Das Vesuv-Observatorium an den Hängen des Vulkans oberhalb vom Herkulaneum besteht seit 1845. Die Namen der Observatoriumsleiter lesen sich wie eine Art Adelsverzeichnis der italienischen Geophysik: Von Macedonio Melloni bis zu Giuseppe Mercalli »auskultieren« diese Männer seit nunmehr 150 Jahren tagtäglich den schlafenden Riesen. Wenn er aufwacht – und irgendwann wird er aufwachen –, werden wir erkennen, wie wichtig ihre Arbeit gewesen ist.

[1993]

Neapel das sind tausend Farben
Neapel das sind tausend Ängste
Neapel das ist die Stimme der Kinder
die langsam langsam sich erhebt
und du weißt, daß du nicht allein bist.
Neapel ist eine bittere Sonne
Neapel ist der Geruch von Meer
Neapel ist ein schmutziges Stück Papier
und keiner kümmert sich drum
und jeder wartet auf sein Schicksal.
Neapel ist ein Wandern
in engen steilen Gassen
Neapel ist ein einziger Traum
und alle auf der Welt wissen das
aber die Wahrheit kennen sie nicht.

PINO DANIELE

Die Enttäuschung

Zu anderen Zeiten hätte jemand wie er, mit seinem langen Presbyterianerrock, mit seiner phosphoreszierenden Krawatte, mit dem Goldarmband an seiner Uhr und dem Hemd, das von einer treuherzigen Arbeiterehrlichkeit war, in Serie gefertigt, zu anderen Zeiten hätte jemand wie er bei seiner Ankunft in Nofi zu Fuß oder zu Pferd den Erfolg eines großen Filmschauspielers gehabt; ständig wäre er von Menschen bedrängt worden, und hätte er irgendwo ein Haus betreten, wären da schon wieder andere gewesen, die ihn mit heiliger Geduld erwartet hätten, um ihn leibhaftig mit eigenen Augen zu sehen und um lange und aus der Nähe zu bewundern, wie ein ganzer Mann beschaffen war, der keine Angst vor der Zukunft hatte.

Aber jetzt ... Wie er da auf der kleinen Bank der Piazza vor dem Rathaus in Nofi saß, erkannte man schon von weitem, daß er ein armer Teufel war, ein Auswanderer, der in die Heimat zurückgekehrt war, voller Enttäuschung in den Falten seines Gesichts. Wenige schickten einen Blick zu ihm hinüber. Die meisten gingen ihrer Wege, eben weil er nicht bemerkt wurde, und wenn es doch einmal der Fall war, dann von denen, die es aus Mitleid taten. Zu anderen Zeiten, so sagte ich, wußte man von einem Ende unseres Ortes bis zum anderen, daß ein Auswanderer aus Amerika zurückgekommen war. Man erzählte sich seine Geschichte, gespickt mit Einzelheiten, und seine Altersgenossen, diejenigen, die in

Nofi geblieben waren, verspürten wieder einmal tiefe Reue, weil sie zum richtigen Zeitpunkt nicht das gleiche getan hatten, bevor sich die Grenzen für die Auswanderer in die USA geschlossen hatten.

Zwischen den beiden Kriegen waren zwei oder drei zurückgekommen und blieben berühmt, unter ihnen eine Frau aus der unüberschaubar großen Familie der Sberi. Sie hieß Clementina und war zusammen mit ihren Eltern mindestens zwanzig Jahre zuvor weggegangen. Bei ihrer Abreise war sie schüchtern und verstört gewesen, wie alle kleinen Mädchen damals: Tochter bettelarmer Feldarbeiter, mit Lumpen bekleidet. Sie kehrte zurück wie das lebendige Bild der Emanzipation, das heißt der inzwischen eingetretenen Veränderung der Welt der Frauen, die unerreichbar weit außerhalb jeder Wirklichkeit von Nofi lag. Sie war es, die auf den uralten Straßen der Gemeinde – noch halb Campagna, halb Stadt – als Frau in Hosen herumlief, mit kurz geschnittenen Haaren, das Päckchen Zigaretten in der Lederjacke und die Zigarettenspitze im Mund wie ein Mann, ja, mit noch übertriebeneren und schamloseren Gebärden. Ich war damals klein, aber ich kann nicht vergessen, was passierte. Die Frauen bei mir zu Hause sprachen tagelang darüber, in einem Ton gemischt aus Neid und Bewunderung. Mein Vater war im wahrsten Sinn des Wortes entsetzt, allerdings auch irritiert. Jedesmal wenn Clementina das Haus verließ, schleppte sie nicht nur eine große Schar Jungen hinter sich her, sondern auch Erwachsene, einschließlich uniformierter Faschisten, die an den Mauern stehenblieben, weil sie sich von der dreisten Anwesenheit einer Amerikanerin überrannt fühlten. Und auf den Terrassen und an den Türen der *bassi* schlugen die Frauen, die damals von der Welt und dem Leben der Männer klar und deutlich getrennt waren, ein Kreuzzeichen, als wollten sie damit den Teufel, die Versuchung oder eine Hexe vertreiben.

Genauso war es! In Nofi vergingen die Jahre damals noch mit Prozessionen, mit dem Patronatsfest, den heimlichen Zettelchen zwischen Verlobten, mit harmlosen Liebesbeziehungen, die Jahre und Jahre dauerten, und Clementina setzte sich einfach vor das Caffé Centrale, rauchte und redete mit ihren Verwandten, die dort auf der Piazza mit ihr am Pranger standen und vor Scham vergingen. Nicht weit entfernt wartete eines ihrer vielen Pferde mit der kleinen Rennkalesche auf sie. Damit fuhr sie nach Cava dei Tirreni, nach Salerno, über Land bis nach Pompeji, immer als Reiterin angezogen und sorgte so überall für Verwunderung und Durcheinander.

Den Grund für Clementinas langen Aufenthalt in Nofi hat man nie erfahren. Vier Jahre blieb sie da. Im dritten kaufte sie am Ortsrand – dort, wo früher einmal das Ende der Ortschaft gewesen war – ein großes Stück Land für wenige Dollars und ließ sich in seiner Mitte eine kleine Villa bauen, gut geschützt von verschnörkelten Gittertoren, und beschäftigte dort männliches und weibliches Hauspersonal. Über ihr Leben in dieser Villa erzählte man sich viel Geheimnisvolles. Ein Priester, der gern Kardinal werden wollte, wagte es einmal, dort einzutreten, um das Licht des Herrn zu bringen, aber ihm wurde die Tür gewiesen. Dann hörte man eines schönen Tages nichts mehr von Clementina. Die Villa blieb geschlossen. Doch wer heute alt ist, kann nur schwerlich das herrliche Geschöpf vergessen, das aus einer in Nofi unbekannten Welt hereingeschneit war, zu der damals niemand den Schlüssel besaß.

Der andere zurückgekehrte Amerikaner, der als Onkel Mele im Gedächtnis aller geblieben ist, war bereits ein alter Mann, als er den Boden seiner Vorfahren wieder betrat, und er war der erste, der uns eine Vorstellung von einem *businessman* gab. Seine Zähne waren fast alle aus Gold, er trug einen Pionierhut und fuhr mit einem Zauberauto herum, dessen Dach bis zum ersten Stockwerk reichte. Doch das war es eigentlich nicht, was Verwunderung erregte. Er kaufte ganze Wagenladungen Pasta, Konservendosen und Konfitüren. Er empfing Händler, Industrielle, Junge und Alte und sagte: »Onkel Mele denkt an alles! Onkel Mele wird euch schon retten.« Er sagte: »Hier braucht man einen Kindergarten«, und gab Geld für einen Kindergarten. Die alte Vorstellung von reich und arm bekam einen Sprung. Onkel Mele war der klare Beweis dafür, daß in anderen Teilen der Welt Geburt und Vermögen keinerlei Bedeutung hatten. Wichtig waren der Mensch und seine Willenskraft. Wäre Onkel Mele in Nofi geblieben, wäre er so geendet, wie er geboren worden war: als armer Korbmacher. Doch mit seiner Auswanderung nach Amerika kam er in ein Land, wo er seine geniale Fähigkeit fürs Geschäftemachen ins richtige Licht rücken konnte.

Der dritte tauchte nur für drei kurze Monate auf, hinterließ aber eine Erinnerung in den Herzen der Leute, die immer noch lebendig ist. Der dritte war ein echter Amerikaner, drüben geboren, Sohn von Italienern, und wenn ich mich richtig erinnere, war er ein entfernter Neffe von Onkel Mele, der seit langem wieder abgereist war. Er gehörte zu der Generation, die wir dann in ihrer ganzen Macht im Oktober 1943 sahen*: groß, riesig, mit einer Stimme, die man überall hören konnte, ununterbrochen lachend, was furchtbar war, und vor lauter Lachen sah er nicht, mit wem er redete, und vor lauter Lachen hörte er nichts. Niemand und nichts interessierte ihn auch nur die Bohne. Ihm machte es Spaß, wenn er die unzähligen Dollars zeigen konnte, die sich in seinem Taschentuch verbargen und wie trockene Blätter zwischen seiner Brust und einem seiner »schreienden« Hemden steckten. Frauen mochte er nicht. Er nahm sie nicht wahr. Er mochte lieber mit Männern zusammensein und ein paar Runden boxen. Aber es gab nicht einen einzigen jungen Mann, der es gewagt hätte, sich mit ihm zu messen. Daher versetzte er den Laternenpfählen Fausthiebe. Wenn er in die Bar am Rathaus ging, benutzte er das Auto. Er hatte einen Spider, den er aus Amerika mitgebracht hatte. Sonntags nachmittags, wenn die Erwachsenen ihre Siesta hielten, bot er seinen Altersgenossen ein Schauspiel auf der Piazza. Er probierte seinen Wagen aus, der schnaubte wie der Atem eines Dickhäuters. Er jagte ihn mit großer Geschwindigkeit über einen Karren, dessen Deichseln in die Luft ragten, und tatsächlich überstanden er und sein Auto dies unverletzt. Einmal, einfach um etwas anderes zu machen, kletterte er bis zum Dach eines Hauses hinauf, dann, als er das zweite Stockwerk erreicht hatte, warf er sich hinunter in sein Auto, genau auf den Fahrersitz, raste davon und ließ die Nofineser in einer Wolke aus Qualm und Bestürzung zurück. Wenn man schlief, bekam man sofort mit, daß Bill auf der Piazza angekommen war. Es war das neue Amerika, das experimentierfreudige und melancholische Amerika voll mythischer Verrücktheiten wie die Helden Hemingways.

Unser armseliger Ort war für einen Bill viel zu klein. Wir begriffen, daß er nur für kurze Zeit bei uns sein würde. Wir begriffen, daß er – mit seinem alten unterdrückten süditalienischen Blut – es liebte, andere in Erstaunen zu versetzen. Aber wir begriffen auch, daß er es müde war, in Erstaunen zu

---

* Im Herbst 1943 landeten die allliierten Truppen in der Bucht von Salerno. (A. d. H.)

versetzen, wo er doch vor seinen Augen ganz andere staunen-erregende Dinge hatte, an die er sich erinnern konnte, er, der aus New York kam. Nofi mit seinen alten Straßen, seinen Menschen, Kindern des Unglücks, seinen üblen Gerüchen, seinen Sonnenuntergängen, die so schmerzlich waren wie das Elend, Nofi bedrückte ihn am Ende.

Dann passierte das, was alle wissen. Die Amerikaner kamen während des Krieges zu Hunderttausenden. Die Welt zersprang wie eine faule Frucht, und es gab keinen Winkel in Europa, in dem der Tod nicht wütete …

Jetzt wirkte der neben mir auf der kleinen Bank sitzende Auswanderer in seiner amerikanischen Aufmachung anti-quiert, altmodisch gekleidet, ein bißchen lächerlich. Wen von den Nofinesern wollte er mit seinem Goldarmband eigent-lich beeindrucken? Wer hat in Nofi denn kein Goldarm-band? Klobig und häßlich seine Schuhe, aufdringlich seine leuchtendrote kunstseidene Krawatte. Er fragte, was das eine, was das andere koste, und fand, daß alles teuer sei. Eine Nie-derlage für einen Amerikaner! Er sprach von Rente und da-von, daß er mit ungefähr siebzigtausend monatlich rechnen könne. In Italien geht heute ein Mann von der Müllabfuhr mit knapp fünfzig Jahren und mit dreihunderttausend Lire nach Hause, eigenes Haus, Auto und Fernseher. Von wegen Amerika!

[1976]

EDUARDO DE FILIPPO

Was ich mag

'O rraù

'O rraù ca me piace a me
m' 'o ffaceva sulo mammà.
A che m'aggio spusato a te,
ne parlammo pe'ne parla'.
Io nun songo difficultuso;
ma luvammel' 'a miezo st'uso.

Si, va buono; cumme vuo'tu.
Mo' ce avessem' appicceca'?
Tu che dice? Chest' è rraù?
E io m' ò mmagno pe'm' 'o mangia'.
M' 'a faje dicere 'na parola?
Chesta è carne c' 'a pummarola.

Das Ragout

Das Ragout, das ich mag,
nur meine Mutter konnte das machen.
Seit ich dich geheiratet habe,
reden wir und reden wir davon.
Ich bin doch nicht kompliziert –
lassen wir einfach diese Geschichte.

Gut, alles klar, wie du willst,
warum sollten wir jetzt streiten?
Was sagst du? Das ist Ragout?
Ich esse es ja schon, damit es gegessen wird.
Aber darf ich einmal ein Wörtchen dazu sagen?
Das ist Hackfleisch mit Tomatensoße.

'O mare

«'O mare fa paura».
Accussí dice 'a ggente
guardanno 'o mare calmo,
calmo cumme na tavula.
E dice 'o stesso pure
dint' 'e gghiurnate 'e vierno
quanno 'o mare
s'aiza,
e l'onne saglieno
primm 'a palazz' 'e casa
e pò a muntagne.
Vergine santa …
scanza 'e figlie 'e mamma!

Certo,
pè chi se trova
cu nu mare ntempesta
e perde 'a vita,
fa pena.
E ssongo 'o primmo
a penzà ncapo a me:
«Che brutta morte ha fatto
stu pover'ommo,
e che mumento triste c'ha passato».
Ma nun è muorto acciso.
È muorto a mmare.
'O mare nun accide.
'O mare è mmare,
e nun 'o sape ca te fa paura.

Io quanno 'o sento …
specialmente 'e notte
quanno vatte 'a scugliera
e caccia 'e mmane …
migliara 'e mane
e braccia
e ggamme
e spalle …
arraggiuso cumm'è
nun se ne mporta
ca c' 'e straccia 'a scugliera
e vveco ca s' 'e ttira
e se schiaffea
e caparbio,
mperruso,
cucciuto,
'e ccaccia n'ata vota
e s'aiuta c' 'a capa
'e spalle
'e bracce
ch' 'e piede
e cu 'e ddenocchie
e ride
e chiagne
pecché vulesse 'o spazio pè sfucà …
Io quanno 'o sento,

specialmente 'e notte,
cumme stevo dicenno,
nun è ca dico:
«'O mare fa paura»,
ma dico:
«'O mare sta facenno 'o mare.»

Das Meer

Das Meer macht Angst:
So sagen die Leute
wenn sie das ruhige Meer sehen,
ruhig und glatt wie ein Spiegel.
Und das gleiche sagen sie, wenn
in den Wintertagen
das Meer
sich erhebt
und die Wellen aufsteigen
haushoch zu Beginn
und dann sich türmen zu Bergen.
Heilige Jungfrau,
rette die Menschenkinder!

Gewiß:
Für einen der
im Sturm sein Leben
verliert auf dem Meer
tut es mir leid,
und schnell bin ich dabei
zu denken:
Welch schrecklichen Tod hat
der arme Mensch doch gehabt,
welch trauriges Schicksal hat er erlitten. –
Freilich: Umgebracht wurde er nicht.
Er ist gestorben im Meer.
Das Meer bringt nicht um.
Das Meer ist Meer
und weiß nicht, daß es dir Angst macht.

Ich, wenn ich es höre,
besonders bei Nacht,
wenn es an den Felsen schlägt
und die Hände ausstreckt,
Tausende von Händen
und Armen
und Beinen
und Schultern,
wütend wie es ist
liegt ihm doch nichts daran,
daß es den Felsen zertrümmert.
Und ich sehe, es zieht sie zurück,
es ohrfeigt sich und
starrköpfig
hartnäckig
eigensinnig
streckt es sie wieder aus,
hilft sich mit dem Kopf
den Schultern
den Armen
mit den Füßen
und mit den Knien
und lacht
und weint
weil es Platz will, um sich auszutoben.

Ich, wenn ich es höre,
besonders bei Nacht,
so wie ich sagte
sage ich nicht:
Das Meer macht Angst.
Ich sage
Das Meer macht das Meer.

Nach dem Erdbeben

Es kommt im Leben nicht zweimal vor, daß man stehend ein Buch von fünfhundert Seiten liest. Stehend: in der bescheiden bekundeten »Vorsicht« eines Menschen, der sich mit der einen Hand am Griff der Metropolitana festhält und mit der anderen die Seiten wendet und verschlingt.

Es war in den Wintermonaten des Jahres 1981, der Staub des Erdbebens hatte sich noch nicht gelegt. Leer die Stadt an vielen Stellen, an anderen vollgestopft mit Behelfsunterkünften. Ich war nach Neapel zurückgekommen. Überall wimmelte es von Baueinsatztruppen, die erste Hilfsmaßnahmen ergriffen. Ich hatte Arbeit auf einer Baustelle gefunden, war Handlanger, »schwarz« eingestellt. Unter den Gewölben, den Bögen, den Decken alter Palazzi errichteten wir einen Wald von Stützstempeln aus frisch geschlagenen Pinien. Wir versorgten Steine, die stärker von der Zeit als von Bewegungen aus dem Erdinneren erschüttert worden waren, mit Krücken.

Um es schnell zu machen, entluden die Lastwagen den Wald der Stämme mit der Ladefläche: Sie schlugen rauh und dumpf auf, der Boden zuckte zusammen, irgend jemand kam die Treppe heruntergesprungen, bereit, bei jedem Donnern aus dem Haus zu stürzen. Dann Flüche.

Mit der Hand sägten wir nach Augenmaß sowohl gerade Schnitte als auch Fünfundvierzig-Grad-Winkel. Wir stiegen in die Keller hinunter, um die Stempel dort aufzurichten, und beendeten unsere Arbeit auf dem Dachboden. Ratten schossen zwischen unseren Beinen über die Treppen nach oben und nach unten. Der Ekel der ersten Tage legte sich, und wir lachten über die Abordnung der Stadtverwaltung, die in die Keller stieg, um die Arbeit zu kontrollieren, gleich darauf aber wieder heraufstürzte und dabei die Papiere in die Luft warf. An den Händen blieb der hartnäckige Harzgeruch haften, der einen an die Berge erinnerte. Ein Baum ist so lebendig wie ein Volk, jedenfalls lebendiger als ein einzelner Mensch, und ihn zu fällen sollte ausschließlich dem Blitz vorbehalten bleiben.

Auf den Straßen, auf den Plätzen des Stadtviertels Sanità, wo die Baustelle war, zogen wir kleine Mauern aus Tuff oder Beton hoch, als Absperrung, als Labyrinth, einem geheimnisvollen Gesetz folgend, das Hindernisse aufrichtete. Das Leben der Stadt spielte sich unter Gerüsten, zwischen den von Strebebalken geschaffenen Serpentinen und abgesperrten Gassen ab.

Wie damals, als man auf den bourbonischen Schiffen den Befehl gab: »Facite ammuina! – Macht ein bißchen Zirkus!«, was bedeutete, daß einer, der am Heck stand, zum Bug lief und umgekehrt einer, der unter Deck war, nach oben stieg, und der an Deck hinunterging, um vor dem zerstreuten Blick des Königs den Eindruck von stattfindenden Manövern zu erwecken: So schien es, daß hier ein absurder, allerdings wirksamer Befehl auf dem Festland ausgeführt wurde, und er überzog die Stadt an den Stellen mit Krücken und Binden, wo kurz vorher noch Wäsche geflattert hatte oder Stände mit Waren aufgestellt waren.

Ich habe auf Baustellen im Norden gearbeitet, aber ich habe nirgendwo sonst eine Kälte wie in jenem Winter in Neapel erlebt. Die Tramontana fegte in die Gassen, in die Innenhöfe, peinigte die Nerven, färbte die Handrücken blauviolett, und nur dort, wo man die Hand fest an die Schaufel drückte, wurde sie warm. Unsere Gesichter wurden stundenlang von diesem Wind gefegt und verschlossen sich zu Fratzen. Es gab keine Stelle, an der man zu Atem gekommen wäre. Warm wurde mir erst wieder im Schacht der Metropolitana, auf der

Strecke zwischen Piazza Cavour, wo die Baustelle war, und den Campi Flegrei, wo ich wohnte. Da nahm ich aus meiner Tasche die *Reise ans Ende der Nacht* von Louis Ferdinand Céline. Und las.

»Noch nie hatte ich mich zwischen all den Gewehrkugeln und dem Licht jener Sonne so nutzlos gefühlt. Zu diesem Zeitpunkt war ich erst zwanzig Jahre alt.«

Es gibt Bücher, denen man in schwierigen Zeiten begegnet. Man erwirbt sie an einem Bücherstand unter dem Vorwand, eine alte Ausgabe vor dem Verfall zu bewahren. Dann setzt man sie den eigenen Unbilden aus, und sie zerfleddern unter der Intensität, mit der man sie Stück für Stück liest, die Seiten umblättert. Im Dunkel der Metropolitana von Neapel, im trockenen Winter von 1981, entluden die Menschen die Kälteschauer in ihrem Atem, sie schnoben durch die Nase und hatten glänzende Augen. Sie dünsteten den Geruch aus, den ein Leser der *Reise ans Ende der Nacht* braucht, um das Buch einatmen zu können. Die Seiten entsprachen dem Atem des Waggons, und aus den trockenen Achselhöhlen der Blätter stieg der andere Geruch auf, der Moder eines Schriftstellers, der sich in diesem Werk ganz und gar verausgabt hatte, verströmt, bis er nichts mehr zu sagen wußte, wie es bei wenigen vorkommt, ob sie Schriftsteller sind oder nicht, ob sie s wissen oder nicht.

Ein hagerer Handlanger hielt die *Reise* fest in seiner Faust und nutzte die Zeit der Hin- und Rückfahrt. Céline hielt die Umklammerung aus und antwortete, indem er Menge, Zug und Leser mit sich fortzog.

Ich las ihn nirgendwo sonst, nur dort. Wenn das Kapitel nicht mit der Haltestelle zusammentraf, las ich es auf dem Bürgersteig zu Ende. Ich hatte keine Eile, in die Küche zurückzukehren, keine Eile, die Stollen der Züge zu verlassen, Lagerstatt, die Minenleger und Verminte zutage förderte, Männer, die das Hellgrün des Schwefels ausschwitzten, zerbröckelt wie von der Spitzhacke zurückgelassene Schlacke, verräuchert, erloschen im Abend.

Zu Hause las ich die Zeitung, bereitete das Abendessen vor. Der Schlaf der Knochen kroch mir in die Augen, aber ich blieb wach. Ich wartete auf das Mädchen, das ich liebte, auf ihre Rückkehr am Abend. Ich verlor sie jeden Tag ein Stückchen mehr unter meinen verschwielten Handflächen, die ihr die Haut aufscheuerten, ohne daß ich sie spüren konnte. Im

Bett nahm ich sie mit geballten Fäusten in meine Arme. Ich senkte mich auf sie, ein nach unten gedrückter Baumstamm, der gleich wieder nach oben schnellen wird. Dann rollte ich auf die Seite und stürzte in den Schlaf wie ein Stück Holz auf einem Stapel.

Der Schmerzpfropfen raubte Céline den Verstand: »Bald schon wird es nur noch ungefährliche, erbarmungswürdige und unbewaffnete Menschen rings um unsere Vergangenheit geben, nichts anderes als stumm gewordene Fehler.« Das wurde ich für sie.

Die Risse der Jahrhunderte hatten ihren Tribut gefordert. Putz und Gesimse, die immer so langsam abgebröckelt waren, daß sich die Passanten noch rechtzeitig in Sicherheit bringen konnten, brachen jetzt schlagartig herunter. Die Stadt durchlebte den Rausch der Sanierung. Die großzügige Ausschüttung öffentlicher Gelder verleitete den Besitzer jeder Mietskaserne dazu, kostenlose Restaurierungsarbeiten durchzuführen.

Der Notfall, die innere Bedingung und Lebensvoraussetzung der Menschen an den südlichen Küsten des Tyrrhenischen Meeres, die über eine seismische und vulkanische Zone verstreut leben, wurde jetzt kostengünstig verwaltet. Die Gelegenheit, sich zu bereichern, brachte die sensible Ordnung der Schiebergeschäfte zu Fall. Banden traten auf und dezimierten sich wegen der Kontrolle über ein paar Meter Bürgersteig. Im Gefängnis machten andere Stöße es den Männern, die sich haßten, möglich, sich bis in die Krankenstation hinein zu zerfleischen. Die Höhe des Fiebers, die Temperatur am Boden war in den Mitteilungen über die zu Boden Gegangenen im Lokalteil der Zeitung ablesbar. Ein frischer Reichtum prasselte als Regen herab und verteilte sich als Blut. Die Stadt war gezeichnet. Wolken, Kaffeesatz, Tätowierungen, Einschußlöcher, Austrittslöcher, Kugelhagel schrieben auf der Haut der Umgebrachten. Der Wind ritzte mit einer Feder aus Eis Falten in die Gesichter. Niemand verstand diese Zeichen zu lesen.

Ich ging durch die Straßen, mit der *Reise* unter dem Arm wie mit einem Schutzbrief. Ich nahm nicht teil an der Aufgeregtheit, am Beben der Stadt, es war nicht mein Krieg. Ich stand auch dem dumpfen Mitleid Célines fern, der zwischen den Wunden herumstreunte und die Gesten eines verrückt gewordenen Arztes beibehielt. Das Buch ging mir auf die Nerven: es suchte nach zuviel Jargon bei der Erzählung vom Leid der Leute, vom Krieg und den Trümmerfolgen.

Jetzt weiß ich, daß ich die Stadt und die Seiten des Buchs gegeneinander schlug. Sie kamen aus dem gleichen Staub, der noch herumschwebte und schon mit Blut durchsetzt war, sie fühlten sich wohl, wenn sie, Aug in Aug, einander gegenüberstanden. Aber es waren keine Gegenmittel, ich erwartete keinen Ausweg. Ich blieb müde von anderem, schmutzig von anderem. Ein von Husten warmer Zug übergab mich abends der Endhaltestelle des Dunkels, bei geschlossenem Buch. *Reise ans Ende der Nacht*: dieser Begriff bedeutete für mich nur den Anbruch des folgenden Tages, und ich hatte keine Eile, dort anzukommen. Ich schloß vor Erschöpfung die Augen neben dem zarten Mädchen.

Eines Morgens waren wir, ein alter Maurer und ich, bei der Arbeit auf einem Platz des Sanità-Viertels. Wir mischten mit der Hand die Kubikmeter des Tages zusammen, Sand und Kies, beides mit Wasser und Zement vermengend. Die Arme bewegten sich von allein, unser Blick war auf das Gemisch gerichtet, aber auch weit weg. Der Atem folgte dem Rhythmus der Schaufel. Da kamen zwei Jungen auf einem Motorrad vorbei, protzig angezogen. Sie hielten an und sahen zu, dann sagte der eine zum anderen: »Das sag ich dir: so was mach ich nie.«

Mein Kumpan hob die Augen vom Betonbrei auf, versuchte, sie scharf einzustellen, so, als würde er sie von weit entfernt herbeirufen, aus einem Buch, langsam. Sie lagen auf mir. Sie suchten nach Antwort, nach heller Entrüstung, sie klopften an mein Blut. Ich antwortete nicht. Ich spürte, daß die Verachtung dieser Halbstarken für uns ein längst überschrittenes Verfallsdatum hatte, etwas Verbrauchtes war, nichts im Vergleich zu dem gegen sie gerichteten frischen Zorn Célines: »Sie sind nur so jung wie der Eiter ihrer Furunkel, der ihnen innerlich Schmerzen bereitet und sie aufbläht.«

Ich beantwortete diesen Blick nicht. Es waren Jahre zerfallener Empörung damals, jeder war allein mit seiner eigenen, es gab keine gemeinsame Wut mehr. Ich stürzte mich mit größerer Kraft auf das Betonmischen, beschleunigte die Schaufelstöße: Mein Freund, das ist noch gar nichts, selbst wenn sie uns das Doppelte aufhalsen, halten wir durch. Laß sie doch den Gashebel endlos weiterdrehen, der ihren Motor in Fahrt bringt, die Waffe in der Revolvertasche wird ihren Achselschweiß aufsaugen. Die, die sich einen Weg durch eine enge Welt bahnen, sind viele, während wir zu denen gehören, die niemandem den Platz wegnehmen. Und niemand würde kommen, um ihn uns wegzunehmen.

Doch ich redete nicht, ich sagte kein Wort. Manchmal kam mir bei der Arbeit während des ganzen Tags nur der Atem aus dem Mund.

In anderen Städten war ich einfach nur einer aus Neapel, für die anderen und für mich genügte diese Herkunft. In Neapel galt sie nichts. Unter den Arbeitern meiner Sprache wurde ich wie ein Fremder aufgenommen. Für sie war ich einer aus anderen Städten, bei mir hatte die Schufterei andere Haltungen hinterlassen, andere Bräuche. Wenn die Arbeitszeit vorüber war, ließ ich die Arbeit so, wie ich sie beendet hatte, während die anderen der schon verkauften Zeit noch ein paar Armbewegungen schenkten. Damals genügte ein ruppiger Gruß, und ich ging mich waschen. Man ist ein Fremder gerade an dem Ort, wo man geboren ist. Nur dort ist es möglich zu erkennen, daß es kein Land der Rückkehr gibt.

In einer unterirdischen Höhle war Müll zusammengehäuft worden, er brannte tagelang zwischen den alten Stadtvierteln.

Es gibt Städte, die sind auf Wasser gebaut, andere auf Luft. Neapel steht auf einer Tuffkrume, von Höhlen unterbrochen, von unterirdischen Grotten, weit verzweigten Kanälen. Das Erdbeben, das sich unter ihr entlädt, trifft auf Luftkammern, in denen es wellenartig dröhnt, singt, knurrt. Der Johannes der Apokalypse, des letzten der Heiligen Bücher, hat versucht, diesen Klang niederzuschreiben.

Hin und wieder geben die steinernen Hohlräume an einer Stelle nach, und das Innere der Erde atmet aus. Der Müllhaufen brannte tagelang. Die Rauchwolke stieg zum Himmel, ich sah sie von der Piazza Cavour aus, ich schnupperte sie. In dunklen Flocken ließ sie Asche gewordenen Müll herunterfallen, den ich zu unterscheiden versuchte. »Nichts zwingt die Erinnerungen mehr hervor als Gerüche und Flammen«, schrieb Céline, während sein Zimmer in Afrika brannte und er sich an ein Feuer in Paris erinnerte. Bei mir war es nicht so: ich habe nachts eine Raffinerie explodieren sehen und tags die Benzinfeuer in den Straßen, ich habe die Felder in Flammen gesehen, aber dieses Feuer hatte keine Ähnlichkeit mit irgend etwas. Ich spürte, wie unter der Erde ein Friedhof brannte: Knochen, Schuhe, Rosenkränze, Blumen, Grablichter, Kreuze. Ich schnupperte, um dem Katalog des Brennbaren Gerüche hinzuzufügen. Der Rauch stieg aus dem zerborstenen Schacht auf, aus den Kanaldeckeln, aus den Röhren und von einer allgemein stattfindenden Einäscherung. Ich wollte sie meinem Geruchssinn einprägen, ich glaubte und glaube noch immer, daß die Stadt an dieser Stelle ihre Seele aushauchte, wenn sie denn eine Seele hatte.

Der Winter dauerte bis weit in den Frühling hinein. Zu Hause, am Abend, wenige Sätze, was denkst du, wo bist du morgen, erwarte nicht, daß ich wach bin. Weck mich nicht, warte, der Sommer wird kommen, den wir diesmal beiseite gestellt haben. Schon war am Fenster das offene Haar: sie trocknete es in der Sonne, es war Mai. Sie wusch sich von mir ab, vom Harzgeruch, vom hölzernen Schlaf, sie nahm ihre Sachen aus dem Zimmer. Dann bleib auch ich nicht, wenn du gehst. Sie weinte in meine trockenen Handhöhlen, kein Tropfen fiel zu Boden.

Die Reise war zu Ende. Das Ich des Romans kehrte nach Paris zurück, in den Lärm eines Stadtteilfestes. Die Seiten waren Fetzen geworden, ich hatte die Stücke verloren, als ich das Buch zwischen den Leuten hin- und herstieß. Die letzten zwanzig behielt ich gefaltet in der Jackentasche und las sie wie einen Brief. Sie hatte keinen hinterlassen. Außerhalb des Bahnhofs warf ich sie auf einen Abfallhaufen. Ich hob keine Post auf.

»In der Ferne pfiff ein Schlepper«, der letzte Absatz des Buchs meinte einen Flußkahn auf der Seine. Mir blieb der Ton im Gehör, der sich in meiner Vorstellung gebildet hatte, während ich den Platz überquerte. Ich wartete auf einen Pfiff, auf die Sirene eines vorüberfahrenden Zugs, der rechtzeitig auf diesen Ruf antworten würde. Damals wollte ich, daß auf der Welt Bücher wie Schutzengel über die Abschiede wachen sollten. Die Stadt gab keine Antwort.

[1991]

Der Friedhof

Der Polizeichef eilte die Treppe des Palazzo hinunter. Einer seiner Informanten war im Gefängnis umgebracht worden. Wer hatte es gewagt, Ninuccio, seinen Informanten, umzubringen? Und vor allem: Warum war er nicht auf der Stelle unterrichtet worden?

Dottore Martucci hatte seinen Posten als Polizeichef vor wenigen Monaten angetreten. Doch in diesen wenigen Monaten war es ihm gelungen, der unangefochtene Boß der Stadt zu werden.

Kaum war er in Neapel angekommen, hatte er gleich begriffen, was es zu begreifen gab. Das Geschäftsleben in der Stadt basierte auf einem effizienten, oft sogar genialen Unternehmertum. Die Leute von der Camorra, nicht weniger genial, stahlen, was sie konnten. Die einen, die Unternehmer, wollten von den anderen nichts WISSEN. Die anderen, die von der Camorra, durften sich nicht ALLZU SEHR in die Geschäfte der Unternehmer drängen. Die Politiker, diese hybride Rasse, molken beide Gruppen. Martucci verstand, daß dieser Mechanismus perfekt funktionierte. Er mußte nur dafür sorgen, daß er nicht beeinträchtigt wurde.

Und in dieser Zeit hatte Martucci sein Ziel perfekt ins Visier genommen. Vom öffentlichen Standpunkt aus stellte die

Stadt sicher kein Vorbild für die abendländische Kultur dar. Doch den einzelnen Menschen ging es verhältnismäßig gut. Und im Leben kann man, wie das Sprichwort sagt, nicht immer alles haben …

Martucci war bei dem, was er tat, nicht von Geldgier getrieben. Ihn interessierte nur die Macht. Für einen wie ihn bedeutete Macht alles. Sie war so etwas wie ein materialistisches Mandala. Mehr als Geld, weil sie sich nicht entwertete. Befriedigender als Sex, weil sie sich nicht in einigen hundert Orgasmen erschöpfte.

Außerdem brachte Martucci es fertig, ausschließlich von seinem Beamtengehalt zu leben. Folglich brauchte er keine Korruptionsgelder. In dieser korrupten Stadt brachte ein derartiges Verhalten mehr Macht ein als beachtliche Konten bei Schweizer Banken. Alle fürchteten ihn, weil niemand wußte, wie man ihn angreifen konnte.

Und was den Sex anging, bedeuteten die Alte und die Junge, die zu seinen Füßen knieten, auch noch Macht. Jugend und Alter, Gesundheit und Krankheit, mit einem Wort: die gesamte Stadt warf sich in Anbetung seines erigierten Penis vor ihm nieder. In diesen Augenblicken fühlte er sich wie ein Monument: geehrt, gefeiert. Er empfand kein körperliches Vergnügen: nur intellektuelle Befriedigung.

Jetzt aber hatte Ninos Ermordung einen Schatten auf seine Macht geworfen. Normalerweise wäre er schnellstens in sein Büro gerannt und hätte Angelo 'o Cardillo, den kleinen arroganten Superboß der Siegerclans, auf der Stelle zu sich beordert, um von ihm Rechenschaft über das Vorgefallene zu verlangen …

Aber es war Montag nacht. Und Montag nacht ging Martucci seine Toten besuchen, auch wenn die Welt zusammenbrechen würde.*

Er stieg also mit unverdächtiger Geschicklichkeit in seinen purpurfarbenen Fiat 127. Wie immer quietschten die Vordersitze unter seinem Gewicht. Dann setzte er den alten Wagen in Gang.

In wenigen Sekunden befand er sich außerhalb von Spaccanapoli. Der Mond am Himmel glich dem Stück einer weißen, einer schneeweißen Mandarine.

---

* Der Montag gilt in der populären Tradition Neapels als Tag der Totenkulte. (A. d. H.)

Das Auto flog lautlos durch die Via Duomo. Es überquerte die Piazza Carlo Terzo. Dort herrschte majestätisch das monumentale Gebäude von Fuga*. Aber es hatte zerbrochene Fensterscheiben, der Putz der Außensäulen blätterte ab. Die schöne Fassade zerbröckelte.

Dann bog der Wagen in die Salita dei Cimiteri ein.

Bäume tauchten an den Straßenrändern auf. Zwischen den Bäumen unübersehbare Mengen von Müllsäcken, die von gefräßigen Ratten aufgerissen worden waren. Ihr bunter Inhalt ergoß sich über die Bürgersteige.

Auf einem Müllhaufen erkannte der Inspektor im Licht der Scheinwerfer einen bärtigen, etwa dreißigjährigen Mann. Er trug grüne Anglerstiefel. Mit behandschuhten Händen wühlte er in dem farbigen Gestank herum. Ein kleiner, dreirädriger Motorkarren parkte wenig weiter. Aus seinen verrosteten Blechwinden stiegen Haufen von Kartons auf. Es handelte sich also um einen »cartonaro«, einen Kartonhändler. Das heißt er sammelte Kartons aus dem Müll und verkaufte sie dann für soundsoviel pro Kilo. Vorher allerdings bearbeitete er sie mit Wasser, weil nasser Karton schwerer wiegt. Und damit bringt er mehr Geld.

Auch unter den »cartonari« gab es eine Hierarchie. Sie bildeten eine geschlossene Zunft, in die einzutreten äußerst schwierig war. Der Inspektor wußte jedoch darüber Bescheid und gestattete es. Mithin alles in Ordnung.

Schließlich gelangte Martucci zum Haupttor des Cimitero Nuovo.

Hinter dem Tor erwartete ihn, wie immer Montag nachts, Cesare, der Wärter.

Mit den Scheinwerfern gab der Inspektor ein Zeichen, daß er da sei. Auf der Stelle wurde das Tor geöffnet.

Der Inspektor wußte, daß Cesare die frischen Blumen von den Gräbern stahl. Seine »Büschlein« verkaufte er dann an die Paare in den Restaurants am Lungomare. Und so genossen die verliebten Peynet-Pärchen Pizzen und Frutti di mare inmitten der Blumen für die Toten. Vollbusige Frauen waren fasziniert von der verwesenden Rose, die ihnen bei

---

* Gemeint ist das »Albergo dei Poveri« des Architekten Ferdinando Fuga, das unter dem Bourbonen-König Karl III. als Armenhaus und Hospital errichtet wurde und seit dem Erdbeben von 1980 halbverfallen leer steht. (A. d. H.)

Kerzenlicht dargeboten wurde. Aber Martucci wußte davon, daher durfte Cesare.

Im Gegenzug dafür wurde für Cesare der Montag zur Nacht des Wartens.

Der Inspektor brachte seinen Toten Achtung entgegen. Und Cesare mußte dem Inspektor Achtung entgegenbringen. Denn dank der Duldung des Polizeichefs stand der Wärter kurz davor, die Wohnung kaufen zu können, in der er wohnte. Drei Zimmer mit Terrasse, die genau auf die Tangenziale hinausging, wenige Meter von seinem Arbeitsplatz entfernt. Der Inspektor stieg aus seinem Wagen und grüßte Cesare knurrend: »Ciao, Cesare, wie gehen die Geschäfte?« Und wie immer machte er sich, ohne eine Antwort abzuwarten, auf den Weg durch die menschenleeren Alleen.

Der Friedhof war vom grellen Licht des Monds erleuchtet. Die dunklen Zypressen bildeten den Hintergrund für die hypnotisierende Weiße der Marmorsteine. Die Schritte der beiden Männer hallten auf dem Kies.

»Wie geht es deinem Jungen?« fragte Martucci.

Ohne die Antwort abzuwarten, bog er rechts ein. Dort nämlich befand sich die Familienkapelle.

»Geht er noch zur Schule?«

Gewöhnlich antwortete Cesare auf diese bedeutungslosen Fragen mit unverständlichem Gebrummel. Das Ritual der Ankunft am Grab dagegen wurde von folgender musikalischer Begleitung bestimmt: Schritte auf dem Kies, Trommelwirbel; Fragen des Inspektors, Solostimme; Gebrummel von Cesare, Baß.

Nach ein paar Sekunden jedoch wurde es Inspektor Martucci bewußt, daß ein Instrument beim Appell fehlte: Cesares Stimme, das heißt der Baß. Nun wirkt ein Musikstück ohne Baß so, als würde es im Leeren schweben. Es beleidigt das Ohr. Auf der Stelle ärgerte sich der Inspektor. In den letzten sechzig Minuten hatte er allzu viele Anomalien ertragen. Er war nicht bereit, das auch auf dem Friedhof hinzunehmen. Also drehte er sich um und blickte Cesare zum ersten Mal an diesem Abend ins Gesicht. Und sofort bemerkte er die Haare.

Reichlich weiße Strähnen sprangen auf beiden Seiten seiner dichten Mähne hervor. Auch oben auf dem Kopf sah man eine beachtliche Menge weißer Haare. Doch Cesare war, so ungefähr, achtundzwanzig. Und was noch wichtiger ist: bis vor einer Woche hatte er noch schwarze, pechschwarze

Haare. So schwarz, daß sie schon wieder violett wirkten, wie Auberginenschalen.

»Was hast du denn mit deinen Haaren angestellt?« fragte der Inspektor erstaunt. »Du hast sie ja gebleicht!«

Aber das war natürlich unmöglich. Cesare galt als harter Bursche. In der Seilschaft der Friedhofswärter gab er den Ton an. Sich die Haare zu färben war dagegen etwas für Schwule. Außerdem, aus welchem Grund sich schwarze Haare weiß färben? Allenfalls konnte man es umgekehrt machen …

»Ein b… b… bißchen Ko… Ko… Koket… Koketterie … kann … nicht scha… schaden …«, antwortete Cesare in reichlich zwanzig Sekunden.

»Und jetzt … stotterst du auch noch!« sagte der Inspektor laut und war, sofern überhaupt möglich, noch verdutzter. Bis vor einer Woche hatte Cesare nicht gestottert. Kein bißchen!

Da blickte er um sich. Genaugenommen stimmte auch mit dem Friedhof irgend etwas nicht: In den Familiengrüften, auf den Marmorsteinen sah man tausendfach Blumen. Gewöhnlich waren die Blumen bei seiner Ankunft schon auf dem Weg zum Lungomare. Oder sie befanden sich bei den Blumenhändlern in der Nähe, die den Friedhofsbesuchern immer wieder dieselben Blumen verkauften. Kurz: an diesem Abend hatte Cesare sein Geschäft nicht betrieben. Martucci erkannte einen weiteren kleinen Riß in der Säule seiner Macht. Einem Geschäft nicht nachgehen hieß in der Tat, einen Anschlag auf die bestehenden Gleichgewichte verüben. Mindestens ebenso, wie einem Geschäft ohne sein o.k. nachzugehen.

»Was für eine Schweinerei läuft hier ab?« fragte Martucci verärgert.

Doch in diesem Augenblick hörte er die erste Stimme.

Es war eindeutig die Stimme eines alten Mannes: »Vorsicht, mein Junge!« sagte sie.

Sie kam von der Lindenallee, wo sich das Grab der Familie Martucci befand. Sicher, der Inspektor täuschte sich, und doch war es ihm vorgekommen …

Nein, natürlich war das ausgeschlossen. Er blickte verstohlen zu Cesare. Möglich, daß er ein beruhigendes Lächeln erwartete, eine freundliche Geste, um die Lage zu entschärfen. Cesare hingegen sah ihn mit ausdruckslosen Augen an.

Dann wiederholte sich die ferne Stimme: »Hau ab, mein Junge. Das Tor hat sich aufgetan, sie fliehen.«

Diesmal konnte Martucci sich nicht täuschen. Es war die Stimme seines Vaters. Aber wie war das möglich? Sein Vater war vor vierzig Jahren gestorben. Er drehte sich zur Gruft um, seine Augen schärften sich im Dunkeln ... Aber ... einen Augenblick mal!

Vielleicht war ja ein Aufnahmegerät in seiner Familiengruft installiert worden, dachte er. Vielleicht versuchte man, ihn verrückt zu machen. Das also war der Grund für all die Merkwürdigkeiten an diesem Abend! Man wollte ihm die Stadt streitig machen. Man konnte ihn weder am Portemonnaie treffen noch am Bauch. Also versuchte man es mit dem Gehirn. Aber wer: Na ja, wer immer es auch war, er kam da nicht mehr raus! Er packte Cesare am Revers und begann ihn wild zu schütteln.

»Wer hat dir den Auftrag gegeben, das zu tun? Wer? Und mach dir das Weiß aus den Haaren, kommst mir vor wie ein Transvestit!«

Er war im Begriff, ihn zu ohrfeigen. Doch da kam eine weitere Stimme aus der Salita del Ricordo hinter ihnen. Es war die Stimme eines kleinen Mädchens. Zwölf, höchstens dreizehn Jahre alt: »Warum kommst du nicht mit mir spielen, dicker Mann? Ich heiße Ines. Ich bin hier seit dreiundachtzig Jahren und langweile mich!«

Der Inspektor drehte sich abrupt in Richtung der Stimme. Aber man sah nirgends eine Menschenseele.

»Die Haare sind wi... wirklich weiß, D... D... Dottore ...«, redete der Wärter jetzt dazwischen, »... und wenn Sie nicht gehen, wie Ihnen Ihr Vater gesagt hat, dann sto... sto... stottern in K... K... Kürze auch Sie!«

»Stottern? Ich? Aber wenn ich doch einwandfrei spreche! Und außerdem ist mein Vater tot ... verstehst du? Tot! Er kann nicht sprechen.«

In diesem Augenblick ertönte von rechts die Stimme einer Frau. Sie sprach französisch, allerdings mit einem starken neapolitanischen Akzent: »Qu' est-ce ça vous vulé, messié!« Bei jedem Wort, das sie aussprach, gelang es ihr, einen sexuellen, sündhaften Ton mitschwingen zu lassen.

Doch eine Männerstimme von links unterbrach sie herrisch: »Hören Sie nicht auf diese Hure, Inspektor! Ich bin der Commendatore Improta! Kommen Sie schon her. Diskutieren wir über die Sanierung der Stadt. Sie schaffen doch nicht zufällig ein urbanistisches Ungleichgewicht?« Da begriff der

Inspektor, daß es sich nicht um aufgezeichnete Stimmen handeln konnte. Niemand, der auch nur einen Rest von Hirn besaß, würde einen Friedhof mit Aufnahmegeräten übersäen. Jetzt konnte nur noch Cesare ihm erklären, was los war. Schließlich war er ja der Wärter dieses Friedhofs.

»Dottore, das G... G... Geschäft ist unmöglich geworden!« stammelte der Wärter, der Martuccis Gedanken las. Er blickte entsetzt auf die linke Hand des Inspektors, die, die das Hemd nicht gepackt hatte, als würde er mehr die körperliche Strafe Martuccis für das entgangene Geschäft fürchten als für die unerklärlichen Ereignisse. Nun, dachte der Inspektor, was hier geschah, war für ihn also eine alltägliche Angelegenheit.

»... Die Blumen stehen noch auf den G... Gräbern ..., denn SIE haben mir gesagt, daß ich sie nicht b... berühren darf ... NIE WIEDER!«

»... SIE, wer?« schrie der Inspektor ihm in die Ohren. »Wer sind SIE?«

»SIE!« sagte Cesare und zeigte mit einer großen Geste ringsum.

»Eh, du bist ein Inspektor?« sprach jetzt eine schwache Stimme dazwischen, die sehr, aber wirklich sehr erkältet war. »Rate mal, wer ich bin!«

Der Inspektor drehte sich in Richtung der Stimme: Sie kam aus der Allee vor ihm. »Hier müssen die Dinge zurechtgerückt werden«, dachte er. Er zog Cesare an einem Arm, der schlapp war wie ein trockener Ast, in diese Richtung mit sich fort. Er kletterte den steilen Weg hinauf, der zu einem nahegelegenen Rondell führte. Der Kies knirschte bei jedem Schritt. Cesares Körper, der mitgeschleift wurde, grub eine lange, tiefe Furche in die Erde. Als sie an den Grüften vorübergingen, belebten sich diese mit Stimmen. »Salve, Inspektor. Ich bin Giacomo La Forgia 1941–1977. Grüßen Sie vielmals meine Frau, die Hurensau!«

»Bist du Polizist? ... Polizisten sind lauter Bastarde ... Ich bin Franco Sorice ... Es war nämlich ausgerechnet ein Polizist, der mich hierhergejagt hat ... Lebt er noch immer, dieser Bastard? . .. Lebt er noch immer?«

»Inspektor, mein Sohn kann jeden Augenblick sterben, angefahren von einem Fiat 127! Seien Sie vorsichtig, bitte. Mein Name ist Silvestri, denken sie dran: Silvestri!«

Dem Inspektor kam es vor, als würde er durch ein Spalier laut redender Menschen gehen. So als würde er in diesem

Augenblick an einem Tatort eintreffen. Doch um ihn herum gab es nur Leichen!

Endlich gelangte er auf die Anhöhe. Jetzt konnte er von oben her das riesige Feld sehen, das San Cristoforo hieß. Dort lagen mindestens zwanzigtausend Tote begraben. In diesem Augenblick wirkte es festlich erleuchtet. Die Irrlichter waren nämlich nicht glanzlos und unsicher, wie der Begriff es vermuten ließe: Auf jedem Grab tanzte ein schreiend feuerrotes Flämmchen. So erleuchteten zwanzigtausend Flämmchen, halb in der Luft schwebend, das riesige Areal. Es war wie auf einem Popkonzert, wenn die Zuhörer die Feuerzeuge anzünden.

Zudem häuften sich die Stimmen. Jetzt kam eine Stimme aus jedem Grab. Alte, Frauen, Kinder redeten sogar miteinander. Schließlich wurde das Stimmengewirr ohrenbetäubend.

»Was sagen sie … was sagen sie?« schrie der Inspektor.

Doch Cesare, reglos, mit einem stumpfsinnigen Lächeln in seinem Gesicht, stammelte: »Ich k… kann's nicht mehr machen, das Geschäft, Dottore … ich hab überhaupt k… keine Zeit mehr für nichts … 'n toter Transvestit hat mir 'ne Telefonnummer gegeben. Punkt drei heut nacht muß ich dem Mädchen, 'ner gewissen Carla, sagen, daß ihr Vater gestorben ist … 'ne Alte, die vor zweihundert Jahren krepiert ist, hat mich beauftragt, 'ne Pflanze mit roten Blüten zu ihrer kranken Urenkelin zu bringen … in die Via Sforza 9 …«

Da glaubte der Inspektor zu beobachten, wie sich eine neue weiße Strähne in Cesares Haar hineinzog. Es war nicht mehr schwer zu begreifen, daß diese Strähnen nicht von Tönungsshampoos herrührten, sondern von Angstanfällen. Außerdem zitterte Martucci vom Kopf bis zu den Füßen. Nur mit Mühe konnte er schlucken. Jetzt gelang es ihm auch, den Sinn dieses von den Toten hinausgebrüllten Singsangs zu entziffern: »Wir kommen, wir kommen … Jetzt packen wir euch, jetzt packen wir euch!«

Da packte Cesare seinerseits den Inspektor am Revers und schrie ihm weinerlich ins Gesicht: »Sehen Sie das, Dottore? Ich kann Ihnen nicht mehr dienen … Sie sind es, die hier jetzt kommandieren… Sie, Dottore, kommandieren nur noch einen Scheißdreck!«

Sofort löste der Inspektor Cesares Hände mit einer heftigen Bewegung von seinem Körper. Cesare hatte genau das gesagt, was er, Martucci, niemals hören wollte. Er stieß ihn zur Seite. Der Wärter verlor das Gleichgewicht und stürzte zu Boden.

Dann ging der Inspektor mit großen Schritten zu seinem Wagen zurück. Cesare, dessen Augen sich ins Leere verloren hatten, brummelte hinter ihm: »Und jetzt kein Geschäft mehr ... Ausgerechnet jetzt, wo ich mir die W... Wohnung k... kaufen wollte ...«, während der Brand aus Stimmen und Flammen ringsum im ohrenbetäubenden Rhythmus jenes voller Besessenheit wiederholten Satzes, im Takt der Tarantella, immer stärker aufloderte: »Wir kommen, wir kommen ... Jetzt packen wir euch, jetzt packen wir euch ...«

Der Mond am Himmel sah aus wie ein Stück weißer, ja schneeweißer Mandarine ...

Martucci gelangte zu seinem Fiat 127. Er stieg ohne Schwierigkeiten ein, ließ hastig den Motor an und fuhr mit quietschenden Reifen davon. Sogleich empfing die Stadt ihn wieder in ihren schwarzen Armen. Der Chor hinter ihm entfernte sich schnell. Bald darauf wurde das Rot der Flammen zu einem fernen Lichtschimmer, wie der Widerschein eines Hochofens.

[1994]

ERRI DE LUCA

Vulkaniker

Aus Kühnheit, aus Mangel an Wahl, was manchmal auf
dasselbe hinausläuft, kommt es dazu, dass ein Volk an unbe-
quemen, riskanten Plätzen lebt. Die Menschheit ist voll von
Tollkühnen, die den Kick nicht scheuen. Ein Stamm von Rot-
häuten, unempfindlich gegen Leere und Schwindel, hat seine
Beschäftigung im Bauen von Wolkenkratzern gefunden. Die
Neapolitaner haben im Lauf von Jahrhunderten den Alb-
traum gebändigt und gedämpft, dass sie unter einem gewaltigen Ofen zusammenleben. Von einer Generation zur anderen vererben sie eine Mitgift von Katastrophengeschichten,
Warnungen, Wundern, Drohungen und eine reiche Sammlung bebilderter Ausbrüche. Es ist ein tellurisches Volk, daher
Erfinderin der Tarantella beim Lungomare am Strand. Denn
das ist die Grenze und du bewohnst den Streifen zwischen
einem Vulkan und den Fischen. Deshalb haben wir ein ge-
meinsames Nervenkostüm mit allen auf der Welt, die von
der Tarantel gestochen wurden, wir gehören zur Internationale der Strapazierten, Verwandte eher von Chilenen und
Japanern als von Bewohnern der Po-Ebene.

Ein tellurisches Volk, du erkennst es daran, wie es aufs Meer
blickt: mit Zuversicht. Bei uns betrachtet man es, selbst wenn
es stürmt und tobt, als Fluchtweg. Vor dem Brand der Erde
und des Himmels ist das Meer die einzige Rettung. Selbst
wenn die glühenden Eingeweide der Hölle aufbrechen, wird
das Meer sie zum Stillstand bringen. Ein tellurisches Volk
sieht in den Brechern, die den Golf peitschen, eine Friedens-
truppe gegen den periodischen Aufstand des Feuers. Es hat
sich eigens einen Heiligen gegeben, Gennaro, der sich auf
Ausbrüche versteht, ein Defensivstratege, der das Beste von
sich gegeben hat, mehr noch als durch das Schmelzen und
Wiedergerinnen seiner gesegneten Reliquie am Ponte della
Maddalena, wo er als Statue an der Spitze des Volkes den
Flammenstrom zum Stehen gebracht hat. Für unser Volk ist
der Vulkan gewisser als der Polarstern. Nicht jeder Neapoli-

taner könnte angeben, wo in seinem Haus über der Zimmerdecke der Große Wagen steht. Aber jeder, in welchem Zimmer er auch immer sich befinden mag, kann mit Sicherheit sagen, wo der Vesuv steht. Von dort geht die restliche Orientierung aus. Denn der Vulkan ist ein Leuchtturm, eingepflanzt ins Nervensystem.

Für einen, der vom Süden ist und am Meer lebt, ist Schnee eine legendäre Nachricht. Nicht in Neapel, er ist die elegante winterliche Halskrause, wenn eines Morgens plötzlich der Vesuv wie ein Alpengipfel emporragt und das Weiß der Augen, die ihn betrachten, vom Schnee zurückgeworfen wird und noch weißer ist. Und die vulkanischen Tuff-Schichten sind das Haus, in dem wir gewohnt haben. Ich glaube gern, dass sich im Schlaf der Charakter eines Volkes festigt. Das unsere hat in erloschenem Auswurfgestein geschlafen. Das Intimste, uns allen Gemeinsame ist der Tuff, in unseren Träumen ist die gelbe, von der Seeluft zerfressene Asche, von den Winden, die mit Salz an ihrer Haut scheuern. Ab und zu taucht in einer Zeitung irgendeine Rangliste zur Lebensqualität der Städte auf, Neapel nimmt dabei nicht den ersten Platz ein. Das ist die Schuld der Parameter, die in Betracht gezogen werden. Es fehlt das Stichwort »Meer«, das tröstet und riecht, es fehlt das Stichwort »Wind«, der ferne Sande und Gewürze transportiert, aber vor allem fehlt das Stichwort »Vulkan«, der Aschengewicht und die Behendigkeit von Feuerwerkern gibt, um ein Volk zu schmieden – und was für ein Volk.

[2006]

FELICE PIEMONTESE
Die Herrschaft der Ratte

Die Ratte, besser gesagt die Wanderratte, ist seit geraumer Zeit unangefochtene Herrin der neapolitanischen Nacht. Fest ansässig auf stinkenden Müllhaufen, verjagt sie wohlgenährt und selbstbewußt die bedauernswerten Katzen, die sich zu nähern suchen, um ihrerseits im Abfall zu stöbern, läßt sich durch das seltene Erscheinen menschlicher Wesen nicht im geringsten stören und vermehrt sich in schwindelerregendem Tempo. Millionen und Abermillionen von Ratten, ein immer größeres und kampflustigeres Heer, das sich bald nicht mehr damit begnügen wird, nur nachts zu herrschen, und mehr Lebensraum, bessere Nahrung, bequemere Behausungen begehren wird …

Tagsüber hingegen herrscht das Auto. Zehntausende Neapolitaner verlassen allmorgendlich das Haus, entschlossen, mehrere Stunden des Tages im Auto zu verbringen. Bleiche, trübsinnige Gesichter, schicksalergebene, leidende Menschen, in welchen bisweilen unheilvolle Gewalttätigkeit aufflammt. Keine Ordnung, keine Regeln. Es siegt der Skrupelloseste, der Brutalste. In den anderen, den Schwachen, den Besiegten, stauen sich Frustration und Schwermut, sie werden leber- und magenkrank, träumen von Rache, die es nie geben wird, und versuchen ihrerseits und oftmals mit Erfolg, sich ein gewalttätiges, rücksichtsloses Verhalten aufzuerlegen. In den stinkenden Gassen – und das sind fast alle Straßen Neapels – stehen protzige BMW- und Mercedeslimousinen, von ihren Besitzern von der Tür des *basso*, der ebenerdigen Einzimmerwohnung aus, oder vom Balkon im ersten Stock herab wohlgefällig betrachtet.

Neapel ist eine kranke Stadt, alle wissen es. Krank tief im Innern und deshalb nicht zu heilen. Gewiß keine Krankheit mit tödlichem Ausgang, eher schon eine langsame genetische und anthropologische Mutation, die die Stadt im Lauf von dreißig, vierzig Jahren grundlegend verändert hat, nicht nur in ihrem Aussehen – ich weiß nicht, ob es eine häßlichere Stadt als Neapel gibt –, sondern vor allem, was das Wesen, das Verhalten, die Denkweisen ihrer Bewohner angeht.

Über diese Millionenmasse von Mutanten »regieren«, wenn man es so nennen darf, die Figuren in den diversen Lokalpalästen – Miniaturausgaben, Zweigstellen der nicht minder tristen römischen Paläste. Bürgermeister, Präsidenten aller Art, Stadträte, allesamt schon fast rührend in ihrer hilflosen Mittelmäßigkeit, ihrer Trägheit und Farblosigkeit. Kleine Geschäftemacher und Emporkömmlinge, Parteibürokraten, Buchhalter und Vermessungsingenieure, die wer weiß wie einem Angestelltenschicksal entronnen sind und allesamt nichts zuwege bringen, als endlose Reden zu führen und nicht irgendein Thema – Gott bewahre! –, sondern die obszönen Worthülsen der römischen Politikersprache bis zum Gehtnichtmehr breitzutreten.

Nun gibt es in dieser der Katastrophe geweihten Stadt – die, wohlgemerkt, zivile und soziale Zerfalls- und Auflösungsprozesse, die in ganz Italien in Gang sind, lediglich um einige Jahre antizipiert – in letzter Zeit eine Fülle von kulturellen Initiativen. Große Ausstellungen wie die über das achtzehnte Jahrhundert und vier Jahre darauf über das siebzehnte Jahrhundert oder das Wirken einer Einrichtung wie des *Istituto italiano per gli studi filosofici*, die Gründung von Stiftungen – die von Lucio Amelio für zeitgenössische Kunst oder »Neapel 99«

der Familie Barracco, für die zahlreiche »große Namen« nicht nur aus der Kultur, sondern auch aus Finanz- und High-Society als Sponsoren gewonnen werden konnten – sowie rege verlegerische Aktivitäten. Hinzu kommt eine quantitativ und qualitativ hochstehende Theaterproduktion, die auf intelligente Weise bestrebt ist, die Tradition wieder aufzugreifen – zum Beispiel die Maggio, die Barra –, und ein spezieller Zweig der sogenannten *nuova spettacolarità* – *Falso Movimento* – und vieles mehr. Und auch ein kultureller »Untergrund«, der vielleicht nie ans Licht kommen wird, aber das Gewebe darstellt, auf dem höchst wichtige Erfahrungen heranreifen können.

Es verwundert also nicht, daß die Massenmedien plötzlich ein neues Neapel entdeckt haben. Eins, das nicht mehr mit Kalkutta verglichen wird, wie es noch vor einigen Jahren ge-

schah (was ohnehin Unsinn war), sondern allenfalls mit dem postmodernen, von einem großen Teil der heutigen jungen Intellektuellen so geschätzten New York. Den Anfang machten Magazine wie *L'Europeo* und *Panorama* bis hin zu *Le Monde*, die dem eigenartigen Phänomen zwei Seiten ihrer Sonntagsbeilage widmete, mit Beiträgen ihres Italienkorrespondenten Philippe Pons. Ein Journalist, der Craxi nicht gefällt, was nicht sein einziger Vorzug ist: Er recherchiert gründlich und genau, vertraut nicht auf bloßes Hörensagen und hält nichts von oberflächlichem Gerede und Effekthascherei. Also weder Kalkutta noch New York, sondern eine »wirre, widersprüchliche, gärende« Stadt, in der Gewalt, Korruption und camorristische Infiltration die »sozialen Beziehungen zerrüttet haben«, die aber trotzdem immer noch »die einzige italienische Stadt mit hauptstädtischem Charakter« ist. Pons nimmt die

Ausstellung von Capodimonte* zum Ausgangspunkt einer eingehenden Erkundung, einer veritablen Reise durch die Kulturinitiativen (und die Widersprüche) Neapels. Er zitiert ausführlich den Generalintendanten für die Kulturdenkmäler, Nicola Spinosa (der von einem Bruch zwischen Neapel und seinen Einwohnern spricht): »Die Leute«, so Spinosa, »sehen in ihrer Stadt nicht mehr einen Ort, an dem sie sich ausdrücken können, und so haben sie begonnen, ihre Vergangenheit und das, was diese repräsentiert, nämlich ihre Baudenkmäler, zu hassen. Solange sich die Neapolitaner in ihrer Geschichte nicht wiedererkennen, wird es für Neapel keine Zukunft geben.« Er beschreibt die Ausstellung, versucht einen Eindruck zu vermitteln von dem, was Neapel im siebzehnten Jahrhundert war, nämlich die zahlenmäßig zweitgrößte Stadt Europas, eine schon damals chaotische und von gewaltigen Widersprüchen geprägte Metropole; er spricht über das kulturelle Erbe, das die unzähligen Kirchen im alten Stadtkern darstellen, auch wenn sie heute, laut Luigi Firpo, eine Art »Selbstbedienungsladen für Diebe« sind.

Weiter berichtet er über die Stiftungen und das Institut für philosophische Studien, über Verlage und Unterwasserausgrabungen, und zwar in einer Weise, die den französischen Leser das Paradox einer Stadt erkennen läßt, die zwar heruntergekommen ist, sich aber den Luxus leistet, eine in gewisser Hinsicht außergewöhnliche kulturelle Vitalität an den Tag zu legen. Dennoch hinterlassen sowohl die umfangreiche Reportage von Pons als auch die Berichte der erwähnten italienischen Zeitschriften ein Gefühl des Unbehagens – ich sage es mit leichtem Masochismus, da ich selbst einer der Verfasser des *Panorama*-Artikels war –, wenn sie nicht sogar eine Unmutsreaktion hervorrufen. Warum, ist schwer zu erklären, aber vielleicht hängt es zunächst einmal mit dem Wesen des journalistischen Berichts an sich zusammen, der – auch wenn er noch so gut gemacht ist, sich also bemüht, in die Tiefe zu gehen, vielfältige Interpretationsschlüssel zu liefern und von Fakten und real existierenden Situationen spricht – trotzdem realitätsfern erscheint, außerstande, die dramatischsten Aspekte der Wirklichkeit zu erfassen, die nicht das Bild, sondern gerade die, wie ich sagen würde, *körperliche* Substanz der

* Es handelte sich um die dem neapolitanischen Barockzeitalter gewidmete Ausstellung *Napoli nel Seicento*. (A. d. H.)

Stadt bestimmen. In unserem speziellen Fall einer Stadt, die unfähig ist, die Gegenwart in akzeptabler Weise zu bewältigen und eine Zukunft zu planen, die nicht bloßes Überleben ist, und für die mithin die Rückeroberung der Vergangenheit – auch wenn diese der Größe nicht entbehrt (oder gerade deshalb) – letztendlich nichts anderes ist als ein tröstendes Moment und eine Art Realitätsflucht.

Neapel ist in der Vergangenheit vieles gewesen, im Guten wie im Schlechten. Heute ist es vor allen Dingen ein Alptraum. Und kein Journalismus – sei er noch so gut – vermag einen solchen Alptraum zu beschreiben. Dazu braucht es etwas anderes. Eine andere Sicht der Wirklichkeit, die Fähigkeit (und die Möglichkeit), anders als journalistisch zu schreiben. Während die neapolitanischen Schriftsteller stumm und ohnmächtig verharren, hat Ceronetti es mit seiner Reise durch Italien versucht. In Wirklichkeit aber bräuchte es, um über diesen Alptraum, über dieses Weltstadtinferno des ausgehenden zwanzigsten Jahrhunderts zu sprechen, den besten Céline mit seinem ganzen Zorn, seiner wütenden Sprache, seinen Halluzinationen.

[1985]

Die Neapolitaner sind ein Volk, das vom Geist des Taumels erfaßt ist, einem Aufsprudeln des Irrsinns. Sie begreifen das Schlimme nicht, das sie tun, weil sie nie das Schlimme begriffen haben, das ihnen angetan wurde. Neapel unmenschlich zu machen kann nicht einfach gewesen sein, aber es sieht so aus, als sei es gelungen. Ein Volk, das viel erleiden mußte und mit seiner Vitalität und seiner verblüffenden Weisheit immer und immer wieder Prüfungen bestanden hat, kann leicht von einer entmenschlichenden Aggression überrascht werden. So erkläre ich mir dieses verstörte, gelähmte Volk, das nichts anderes mehr fertigbringt, als sich lärmend aufzublähen und Lärm zu verursachen, Chaos in sich hineinzuschlingen und es hinauszutrompeten.
Neapel ist einer der schlimmsten Orte Italiens. Doch ist die gesamte Nation nur noch eine einzige wuchernde Geschwulst vieler Neapel, die, auch wenn sie nicht, wie Neapel, bluten, doch seine Symptome, seine Zusammenbrüche und seine Verrohung reproduzieren.

GUIDO CERONETTI

Tonino hatte aufgeholt

Als Tonino noch ganz klein war, war die Sozialarbeiterin gekommen, die mir die Wohnung zugewiesen hatte, und hatte eine Tasse und eine Murmel vor ihn hingestellt.

»Wirf die Murmel in die Tasse«, hatte sie ihn aufgefordert und gelächelt.

Tonino hatte sie angesehen, die Tasse genommen und zum Mund geführt. Da hatte die Sozialarbeiterin mich vertrauensvoll angelächelt.

»Er versteht die simpelste Aufforderung nicht«, hatte sie gesagt. »Aber das macht nichts. Im Kindergarten wird er das schnell aufholen.«

Tonino war damals schwer enttäuscht gewesen. In diese Tasse hatten Mario und ich ihm nachmittags immer einen Schluck Kaffee gekippt und dann mit Wasser verdünnt, damit er sich nicht ausgeschlossen fühlte, wenn wir unseren Kaffee tranken.

Aber jetzt war die Sozialarbeiterin sichtlich zufrieden; Tonino hatte aufgeholt. Er hatte gelernt, das zu tun, was man von ihm verlangte. Wenn er nach der Schule nach Hause kam, stürzte er sofort ins Schlafzimmer zu seinem Vater. Er kletterte aufs Bett, nahm das Laken und baute ein Zelt. Dann versteckte er sich unterm Bett, damit Mario ihn suchte, aber der hatte nicht mal die Kraft zu sprechen, er streckte nur seinen Arm aus und klopfte ans Bettgestell. Das war das Zeichen: Tonino wusste, er hatte ihn gefunden.

Manchmal wollte er meine Kosmetiktasche, um Mario die Nägel zu machen. »Pass auf, hörst du?«, aber ich wusste ja, wie präzise und geduldig Tonino mit der Nagelfeile umgehen konnte, im Gegensatz zu mir, weil meine Hände so zitterten. Wenn er einen Malblock und Ölkreide vor sich hatte, malte er immer über den Rand der Figuren hinaus, aber Fingernägel lackierte er sehr ordentlich.

So haben Mario und ich uns kennen gelernt: Am Tag seiner Hochzeit war er zu mir gekommen, zur Maniküre.

Deshalb sollte ihm Tonino jetzt ruhig die Nägel machen, auch wenn Mario überhaupt nichts mitbekam.

Während Tonino also meinen Job machte, übernahm ich Marios Job – weniger seine Aufträge, auch nicht sein Gehalt. Aber ein bisschen dealen, das ging schon, viele Frauen machten das. Die, die unten wohnten, saßen bis zu einer bestimmten Uhrzeit einfach nur am Fenster, wie an einem Verkaufsschalter. Ich wohnte allerdings im siebten Stock und musste runter auf die Straße, aber hier in den Außenbezirken waren die Zeiten ganz okay: von halb sieben bis zwölf, spätestens ein Uhr. Ich setzte Tonino einfach vor den Fernseher und wenn ich wiederkam, schlief er. Im November war es nicht besonders kalt, der Dezember war da schon eher ein Problem, aber im Dezember hatte meine Nachbarin einen Stand mit Knallkörpern, wir legten Kohlen in eine Tonne, packten die Kinder warm ein und nahmen sie mit an unseren Stand, bis spätabends.

Als Mario starb, war Tonino gerade in der Schule. Ich rief die Sozialarbeiterin an.

»Nehmen Sie ihn bitte zu sich.«

»Das geht nicht. Wo soll ich denn mit ihm hin?«

»Keine Ahnung, aber bitte nehmen Sie ihn bis alles vorbei ist.« Keine sechsunddreißig Stunden, und Tonino war wieder da. Er riss die Tür auf, nahm nicht mal seinen Schulranzen ab, rannte ins Schlafzimmer, und als ich mich umdrehte, sah ich, wie er auf dem Boden saß und gegen das Bettgestell klopfte.

Als der Trauerzug bei der Kirche gerade um die Ecke bog, tauchte Roberto auf. Auf dem Friedhof, als sich alle von mir verabschiedeten, sah ich ihn dann allerdings nicht mehr. Aber am *trigesimo*, dreißig Tage nach der Beerdigung, sah ich ihn wieder, er kam zur Messe, danach fuhr er mich nach Hause.

»Kann ich irgendetwas für Sie tun?«

»Haben Sie eine Familie?«

»Ich habe eine Schwester, sie ist Pförtnerin in der Via Toledo, nicht weit von meinem Laden.«

»Hat sie Kinder?«

»Ja, zwei Jungs.«

»Würden Sie nachmittags Tonino nehmen, dann ist er beschäftigt. Er könnte doch mit Ihren Neffen spielen.«

Um acht brachte er ihn wieder. Ich hatte ihm gesagt, ich würde runterkommen, zum Tor – ich wollte nicht, dass ausgerechnet Roberto mich beim Dealen erwischte. Aber er wusste es sicher sowieso schon. Allerdings hat er nie einen Ton gesagt und dafür dankte ich ihm auf meine Art:

»Hör mal, Roberto, ist doch lächerlich, dass wir uns immer noch siezen. Das glaubt uns doch sowieso keiner, so oft wie wir uns sehen.«

»Was ist denn jetzt los? Feiern wir unseren ersten Jahrestag?« Ich dachte, das ist ein Witz, aber stimmt, es war Juni, als er das sagte. Und genau am Tag des Heiligen Antonio, am 13. Juni, hatte Mario mit seinen blauen Augen zum Dach der Apotheke gesehen. Jetzt erst fällt mir das auf, damals hätte ich nicht sagen können, wie lange Roberto und ich uns schon kannten. Hätte ich mir schon früher klargemacht, dass er genau wusste, seit wann wir uns kannten, ich aber nicht, wäre ich sicher nicht so erstaunt gewesen, als er mir einen Heiratsantrag machte. Dass er was von mir wollte, war klar, aber gleich heiraten? Im Grunde hatten wir uns nur einmal umarmt, vor dem Kino, ich wollte ins *President*, weil ich seit Toninos Geburt keinen Kinosaal mehr betreten hatte.

Und er war nicht dumm. Auf meine Gefühle konnte er zwar nicht zählen, auf meine Lage dagegen schon: Ich hatte einfach keine Wahl.

Aber im Grunde war es keine Frage der Wahl. Mal ehrlich, wenn du einen Mann heiratest, musst du früher oder später mit ihm ins Bett, da reicht es dann nicht mehr, dass du dich immer nur bei ihm bedankst, weil er dir diesen Gefallen getan hat, um den ihn eigentlich keiner gebeten hatte. Früher oder später fängt man an zu streiten, ist genervt und muss Klartext reden, auch wenn die Abmachung war, dass man nur deshalb geheiratet hat, um endlich seine Ruhe zu haben.

Da fielen mir wieder so Szenen ein, wie ich mal fix und fertig war und Mario nach Hause kam und sich mit seinen Arbeitsklamotten aufs Bett knallte, das noch gar nicht gemacht war, und Tonino tobte seit Stunden, wahrscheinlich hatte er nachmittags nicht geschlafen, nicht eine Minute, und ich kriegte einfach nichts auf die Reihe und wäre so froh gewesen, wenn das Essen schon fertig auf dem Tisch gestanden hätte, aber das Nudelwasser kochte noch nicht mal, und bestimmt rief dann Capisante auch noch an und Mario sagte: »In einer halben Stunde muss ich runter«, obwohl es schon zehn Uhr abends war. Und ich wurde so wütend und fing an zu schreien und warf einen Teller nach ihm und er verfluchte meine Mutter, weil ich so bin wie ich bin, und um ein Haar hätte er mir eine geknallt. Dann, etwas später, als ich mich beim Salatwaschen wieder beruhigte und die Blätter auch nicht mehr ganz so wütend abriss, drehte ich mich plötzlich um – und da stand Mario und sah mich an. Vielleicht hatte er mich schon eine ganze Weile angesehen, was ich nur nicht bemerkt hatte. Da fühlte ich mich schön, obwohl ich verschwitzt und müde war. Vielleicht fühlte ich mich so schön, weil ich wegen ihm verschwitzt und müde war. Jedenfalls spürte ich, wie meine Brüste gleich das Kleid sprengen würden und wie meine Beine zitterten, bis er zu mir kam und sie beruhigte.

»Robè, außer trocken Brot gibt's hier nix zu holen.«
Genau das sagte ich am nächsten Morgen zu ihm, unten, an der Tür, dann strich ich ihm über die Wange und ging schnell wieder hoch, weil ich Hausschuhe anhatte und nicht wollte, dass die Nachbarn mich so sahen.

Früher gab es nur eine Straße, die von Gianturco hierher führte. Bis zur Piazza Garibaldi musste man mit ungefähr einer Stunde rechnen, wegen des Verkehrs und der vielen Kreuzungen. Aber keiner rechnete mit einer Stunde, uns kam die Strecke immer viel kürzer vor, als sie im Endeffekt war. Seit dem Bau der neuen Verbindungsstraße konnte man die Leute schon von weitem sehen. Unsere Kunden kamen mit dem Mofa oder mit dem Bus. Sie stiegen an der Haltestelle auf der Brücke aus und liefen die Leitplanke entlang. Unter dem gelben Licht der Straßenlaternen fingen sie schon an zu grinsen.
»Zwei Tütchen für fünfzig«, sagte einer der beiden. Eigentlich hätte ich es da schon merken müssen, wenn einer immer noch sein goldenes Armkettchen hat und zu mir kommt.
»Moment«, ich drehte mich um und ging rüber zum Abfallkorb. Als ich die zwei Tütchen für fünfzigtausend Lire herausnahm, hätte ich noch eine Chance gehabt, denn ich war weit genug entfernt von den beiden. Ich hätte locker zu dem Auto gehen und dann schnell wegrennen können, in meine Straße, rein ins Haus, Aufgang C, rauf aufs Dach und schnell in meine Wohnung. In diese Gegend hätten sich die zwei Bullen bestimmt nicht getraut.
Zu Hause dann Toninos halb leerer Teller und Tonino vor dem Fernseher. Erst später hätte ich mir dann Sorgen um ihn

gemacht, zusammen mit der Nachbarin auf dem Geländer sitzend: »Der Kleine isst einfach nichts«, hätte ich gesagt und dabei die Flip-Flop-Sandale auf dem Fuß wippen lassen.

Seit zwei Jahren schon kam ich fast jeden Abend hierher, zu diesen Abfallkörben, seit die Stadt sie im Rahmen ihrer Aktion *Sauberer Park* aufgestellt hatte. Mit ihren Lastwagen waren sie angerauscht – wir hatten immer noch Senkgruben, keine Kanalisation, und wenn es drei Tage hintereinander regnete, kam der ganze Brei hoch und wir konnten nicht mal die Kinder in die Schule schicken –, jedenfalls hatten sie im gesamten Viertel hundert rote Plastikkörbe abgeladen. Der Vermessungstechniker, der die Abstände zwischen den einzelnen Abfallkörben festlegte, erklärte stolz, ein berühmter Architekt aus Mailand, der auch die Villa Comunale übernommen hatte, hätte sie extra für uns entworfen. Kaum waren sie weg, griffen sich die Kinder die kaputten Querstangen der Bänke und rissen damit die Körbe wieder herunter. Einen Korb ließ sich meine Nachbarin abmachen, sie wollte ihn als Wäschekorb benutzen. Abends kam dann auch noch Capisante vorbei. Er schlich um einen der Körbe und meinte, die rührt mir keiner an!

Von da an fischte ich Tütchen mit Heroin für vierundzwanzigtausend Lire oder mit Kokain für fünfzigtausend aus diesen Körben. Es waren winzig kleine Tütchen, die deutlich weniger als ein halbes Gramm wogen. Es gab Zeiten, da war es wirklich schwierig, an guten Stoff ranzukommen, aber darüber regte sich keiner allzu sehr auf, und wenn, dann nicht bei mir. Ich erledigte den Deal ohne groß nachzudenken, ganz automatisch. Na ja, und so nahm ich an dem Tag eben den Stoff und trottete damit zu den Bullen mit dem goldenen Armkettchen, weil ich müde war, und wenn ich müde bin, rede ich mir immer ein, es wird schon klappen.

Und dann sagte ich etwas, worauf ich keine Antwort erwartete, ich sagte es, weil es meine einzige Sorge war, als ich in den Streifenwagen stieg, und weil die Polizistin die erste Frau war, die ich sah: »Ich habe einen achtjährigen Sohn zu Hause. Er hat nur mich.«

»Warum treibst du dich dann auf der Straße herum?«

Damit muss man rechnen. Und gerade weil wir damit rechnen, haben wir auch keine allzu große Angst, und darauf kommt es schließlich an: keine Angst haben. Wir wissen ungefähr, was wir sagen dürfen, und wir wissen sehr genau, was wir auf keinen Fall sagen dürfen, auf wen wir warten müssen und was wir fragen sollen. Unser Viertel ist ein ständiges Rein-in-den-Knast, Raus-aus-dem-Knast. Noch nie habe ich jemanden bei einer Lüge ertappt, weil er sein Gesicht wahren wollte, von wegen, er war länger unterwegs, mit dem LKW oder auf 'nem Schiff, oder er war schwer krank und lag monatelang im Krankenhaus, nichts dergleichen. Das Gefängnis isoliert nicht, es verbindet. Wenn einer wieder rauskommt, ist das so, als würde man sich nach dem Krieg wiedersehen, und dann redet man sich alles von der Seele oder schweigt, um nicht mehr daran zu denken. Als die Bewährungszeit von Capisantes Schwager um war, gab's ihm zu Ehren um zwei Uhr nachts ein Feuerwerk auf der Piazza. Für einen Mann ist das ein wichtiger Schritt: Wenn man das Gefängnis unbeschadet übersteht, zählt man mehr, die Bosse wissen, auf den ist Verlass, und geben ihm bessere Aufträge.

Bei einer Frau ist das anders. Wenn sie sich nicht selbst zum Boss macht – und davon gibt es nicht gerade viele –, hat die Frau eigentlich keine Wahl, sie hat nur eine Möglichkeit: nicht daran denken. An manche Sachen darf man einfach nicht denken. Tonino ist zwar kein Anführertyp, aber dumm ist er auch nicht. Und diese Mischung ist gefährlich. Er verteidigt sich, ohne zu agieren. Er schweigt einfach. Wenn Mario und ich uns vor ihm stritten, oder wenn ich mit ihm schimpfe, oder wenn die Sozialarbeiterin ihm eine Frage stellt und ihn somit zwingt, an etwas zu denken, an das er nicht denken will, dann schaut er einfach raus, und falls er nicht rausschauen kann, schaut er auf den Boden, aber nicht *auf* den Boden, sondern *durch* den Boden, weit weg. Weit weg von mir, von sich, von allen. Dagegen ist man machtlos. Und das war der Punkt: Ich durfte auf keinen Fall daran denken, wie Tonino in einem Internat saß und weit weg schaute. Nur so kann man zwei Jahre Gefängnis überstehen. Das ist die einzige Möglichkeit, um zu überleben.

Dadurch verlor ich aber genau das, an das ich nicht denken durfte.

Ich war oft bei Frauen zu Hause, um ihnen die Haare mit Wachs zu entfernen. Deren Kinder waren im Ausland, sie studierten in Amerika oder arbeiteten irgendwo in der

Forschung, jedenfalls waren sie jahrelang weg, riefen alle zwei Wochen zu Hause an, immer nur für ein paar Minuten, für ein paar Worte, die auch noch schlecht zu verstehen waren.

»In erster Linie bin ich immer noch Mutter«, betonten die Frauen immer wieder. So ein Quatsch. Ich glaube, sie kamen sich unglaublich toll dabei vor, wenn sie sich ständig diesen Satz im Kopf wiederholten oder ihn laut aussprachen, aber ich wusste längst, das ist leeres Geschwätz. Die Mutterschaft endet, wenn man sie dir wegnimmt, wenn du sie jedes Mal, kaum dass du an sie denkst, unterdrücken musst, um zu überleben.

Ich hatte mal einen Sohn, und eines Tages kam jemand und hat gesagt, ich muss mich von dem Gedanken verabschieden, dass ich die bin, die ihn großzieht, und überhaupt mache ich mich gegenüber der Welt schuldiger, wenn ich frei herumlaufe, als gegenüber Tonino, wenn ich ins Gefängnis gehe, und deshalb bin ich keine Mutter mehr – wie die Frauen sagten. Ich hatte eine gewisse Verantwortung, und die konnte ich nur übernehmen, indem ich weiterlebte. Ich habe mein Leben nicht gut gelebt, keineswegs, habe viel falsch gemacht, ich habe schlecht gelebt, sehr schlecht sogar, aber ich kannte nur eine Möglichkeit, um diesen Auftrag anzunehmen: Ich musste mich dem Leben stellen. Drin, im Gefängnis, spürte ich nur noch die Last der Verantwortung. Selbst wenn ich unschuldig gewesen wäre, wenn ich den beiden Bullen kein Kokain gegeben hätte, hätte ich mich trotzdem schuldig gemacht, und zwar mit jeder Minute, die Tonino mich gesucht hat und schließlich lernen musste, mich nicht mehr zu suchen.

[2005]

FRANCESCO PICCOLO

Auf der Straßenseite

Als ich klein war und gemeinsam mit meinem Bruder zur Schule ging, trug mir meine Mutter auf, ihn an die Hand zu nehmen, und ich empfand das als richtig und verantwortungsvoll. Nicht verstehen konnte ich aber, warum sie immer sagte: »Daß du mir ja auf der Seite bleibst, wo die Autos vorbeifahren, wenn ihr zu der Straße ohne Gehsteig kommt!« Ich hielt mich daran, und zwar gewissenhaft, aber eigentlich war ich sehr traurig. Für mich hieß das: »Ich hoffe, daß euch kein Auto überfährt, sollte es aber doch passieren, wär's mir lieber, du stirbst, nicht er.«

Die Sache regte mich ziemlich auf. Auch weil Mutter auf meine Bitten um etwas mehr Nutella aufs Brot immer sagte, das sei nicht gerecht, wir seien alle gleich; und an dieser Stelle fehlte mir dann immer der Mut, ihr zu antworten: »Wenn wir schon alle gleich sind, dann geht aber auch morgens auf der Straßenseite, wen's gerade trifft, oder einmal der eine und einmal der andere, so ist das Risiko für beide gleich.« Ich gestehe, mehr als einmal war ich versucht, ihn auf der Straßenseite gehen zu lassen; aber ich bekam eine Heidenangst, denn wenn er von einem Auto plattgewalzt worden wäre, hätte man mir's böse heimgezahlt, denn es wäre doch sonnenklar gewesen, daß ich ihn auf der Straßenseite hatte gehen lassen und ungehorsam gewesen war. Um ehrlich zu sein, ich hatte schon eine Ausrede parat: Mit fassungsloser Stimme hätte ich etwas von einem Verrückten gestammelt, der mit seinem Mofa dicht an der Mauer überholen wollte und dabei meinen Bruder überfahren hatte; diese Erklärung kam mir plausibel vor und hätte mir außerdem Gelegenheit gegeben, meiner Mutter eine moralische Lektion zu erteilen, etwa in der Art: »Man ist nirgendwo sicher, nicht einmal an der Mauerseite, wenn das Schicksal es so entschieden hat.«

Natürlich ginge es mir nahe, wenn er plattgewalzt würde, aber nur bis zu einem bestimmten Grad, auch weil ich mir in einem schnellen Wirtschaftsüberschlag ausrechnete, daß ich bei gleichbleibendem Nutella-Angebot und bei verminderter Nachfrage – durch den Ausfall meines Bruders um fünfzig Prozent – eindeutig im Vorteil wäre und meinen Gewinn verdoppeln würde. Aber auch die Gesetze der Wirtschaft unterliegen der moralischen Kontrolle, und noch während meine Hüfte bei solchen Gedanken den Bruder unmerklich zur Straßenseite hindrängen wollte, ließ ich's sofort bleiben, weil mir der Verrat an meiner Mutter einfiel und die Strafe, die mich vergleichsweise erwartete: Schon für ein unanständiges Wort gab's zwei Ohrfeigen oder zwei Stunden Zimmerarrest; und für Brudermord erst! Und außerdem hätte ich ja dann keinen mehr gehabt, der mir im Park den Ball zuspielte.

Die Wahrheit aber war eine andere: Ich wollte Mutter nicht verraten, daran lag mir am meisten; ich vertraute ihr sehr, obwohl ihr lieber war, daß mich ein Kotflügel traf als meinen Bruder, und ich ging zur Schule wie ein Held in den Krieg, bereit, sich fürs Vaterland zu opfern. Kaum bogen wir um die Ecke und verließen den Gehsteig, nahm ich meinen Bruder an die andere Hand und ließ ihn an der Mauerseite gehen, ich aber ging mit Trauer im Herzen auf der Straßenseite, und immer wenn ein Auto vorbeifuhr oder ein Motorrad, machte ich die Augen zu und wartete, daß der Windstoß mir ins Gesicht fuhr, und atmete dann jedesmal erleichtert auf. Manche Tage quälte mich sogar die Frage, ob es nicht schon ungehorsam sei, wenn ich heil in der Schule ankam, aber ich konnte mich leicht selbst überzeugen, daß ich übertrieb, Mutter hatte lediglich eine Rangliste erstellt, ohne direkt meinen Tod zu wollen.

Davon überzeugte ich mich voll und ganz, wenn ich mit ihr unterwegs war und sie mich auf der gleichen Wegstrecke mit ihrem Körper deckte: Sie tat also für mich genau dasselbe, was ich für meinen Bruder tun mußte. So gesehen konnte ich meine Position aufwerten, und ich dachte mir, wenn sie sich für mich opfert, kann ich es auch für meinen Bruder tun. Es war ein Kreislauf: einmal Beschützer, einmal Beschützter. Was ich aber nicht ertragen konnte, war, daß mein Bruder am Ende des Kreislaufs nie starb, weil er niemanden beschützte; und am Anfang war, sagen wir, Großvater, der jeden Augenblick sein Leben aufs Spiel setzte, um alle zu beschützen, und in meiner Vorstellung ging er immer mitten auf der Straße, auch wenn er allein war, und sei es nur aus Erleichterung, von der Verantwortung befreit zu sein, falls ein Auto ihn zu Boden warf.

Als dann Großvater wirklich starb, im Bett und nicht überfahren von einem Ferrari Testarossa* – ich glaubte damals, er heiße so wegen der Folgen, die er für seine Opfer hatte –, auch wenn ich auf die Todesnachricht hin meine Mutter fragte, wie es passiert sei, in der Hoffnung, von ihr zu hören, daß wirklich ein Auto unter Mißachtung der Verkehrsregeln die Treppe hinauf, ins Schlafzimmer hinein und über den Großvater hinweggefahren sei, so hätte ich nochmals Gelegenheit gehabt, mit vorwurfsvoll erhobenem Zeigefinger zu sagen: »Gibt es einen besseren Beweis dafür, daß man nirgends sicher ist, nicht einmal im eigenen Bett, wenn das Schicksal es so entschieden hat«, und das Schicksal hatte in meiner Vorstellung die Gestalt eines verrückt gewordenen Autos in der Altstadt; als mein Großvater starb, klärte sich die Sachlage; denn die Großmutter, nicht seine Frau, sondern meine andere Großmutter, hatte am Begräbnistag gesagt: »Und wär's nicht besser, ich wäre gestorben?« Wohlgemerkt nicht wegen irgendeiner Rangordnung, sondern weil sie, wie sie sagte, zehn Jahre älter war und von Rechts wegen hätte sterben müssen. Eine makellose Beweisführung, die ein gewisses Licht auf die Frage nach Leben und Tod warf und auf die Tatsache, daß ich auf der Straßenseite zu gehen hatte, wenn ich mit meinem Bruder unterwegs war, und meine Mutter, wenn sie mit mir unterwegs war. Ich überlegte auch, daß es gemäß dieser Logik noch lange dauerte, bis ich immer auf der Straßenseite gehen mußte wie mein Großvater, und das tröstete mich. Immer wenn jemand starb, fing meine

---

* wörtlich: »Roter Kopf«. (A. d. Ü.)

Großmutter an: »Und wär's nicht besser, ich wäre gestorben?« Sie sagte es auch, wenn der Tote nur zwei Monate jünger gewesen war als sie, und zwang mich so, zu antworten: »Laß nur, Großmutter, auf zwei Monate kommt's nicht an!« Aber die Logik meiner Großmutter war eisern, und die Zeit verging, und je älter sie wurde, um so geringer wurden die Möglichkeiten, daß jemand starb, der älter war als sie, und sie wiederholte den Satz jeden Tag, wenn wir von einem Todesfall hörten. Eine Zeitlang ging das auch so, wenn sie im Fernsehen von Terroristen berichteten, die einen gewissen X, Vertreter von ... usw., usw. gelyncht hatten. Unbekümmert um die politischen Fakten, so zwingend sie auch sein mochten, sagte sie: »Und wär's nicht besser, ich wäre gestorben?« Schließlich dachten wir alle, es wäre wirklich besser, wenn sie sterbe, und sei es nur, um nicht mehr hören zu müssen, daß es besser wäre, sie wäre gestorben. Gern hätten wir sie für einen jüngeren Kranken in Tausch gegeben, um sie zufriedenzustellen, aber da war nichts zu machen. Anscheinend galt das Gesetz der Erziehung und des Vortritts der Älteren nur in unserer Familie, draußen, in der Welt, kümmerte man sich nicht sonderlich darum.

Tatsächlich hatte ich's schon früher geahnt, ich war ja nicht der einzige, der mit einem kleineren Bruder zur Schule ging; auch andere Mitschüler oder größere Jungen, ja selbst Eltern, die ihre Kinder zur Schule begleiteten, überließen es meistens dem Zufall, wer auf der Straßenseite ging. Ich achtete auf nichts anderes unterwegs, speziell auf der engen Straße ohne Gehsteig: auf die Gehordnung der Familien zwischen Mauer und Straße, und peinlich genau registrierte ich, ob man diesbezüglich ebenso konsequent dachte wie bei uns. So beobachtete ich beispielsweise, daß Barone, der in der Bank vor mir saß, seine Schwester vier Tage hintereinander auf der Straßenseite hatte gehen lassen, und als ich schon dachte, er sei ein Verbrecher und plane einen vorsätzlichen Mord, zeigte er sich am Freitag mit der Schwester an der Mauerseite. Jemand war wohl aufmerksam geworden, denke ich. Samstag war's dann wieder umgekehrt, Sonntag weiß ich nicht, weil da Feiertag war, Montag wieder er auf der Straßenseite, aber auf der gegenüberliegenden. Schließlich stellte ich fest: Barone war nicht nur ohne Grundsätze, er wechselte auch die Seite und ging da, wo wir noch nie gegangen waren, nicht einmal auf dem Nachhauseweg. Die Barones waren Leute ohne Rückgrat, ohne feste Bezugspunkte. Im Grunde war ich froh darüber, daß wir eine strenge Richtlinie hatten, ich wußte, daß ich mein Leben riskierte anstelle meines Bruders, aber ich wußte auch, daß ich heil nach Hause kam, wenn ich mit Mutter zum Einkaufen ging. Alles hatte seine Ordnung. Und ich haßte es, wenn die Welt sich nicht daran hielt, und begann zu verstehen, daß meine Großmutter zu Recht betrübt war, wenn jemand starb, der jünger war als sie, und ihr Spruch war eigentlich ein Protestschrei gegen eine Welt, die sich nicht an die Ordnung halten wollte.

Ja, ich hatte verstanden, daß diese Ordnung im Grunde gerecht war. Einmal, als man bei Tisch vom Tod eines Neugeborenen sprach, dem Kind einer entfernten Verwandten, wollte ich auch so gerecht sein wie Großmutter, und ich sagte in überzeugtem Ton: »Und wär's nicht besser, ich wäre gestorben?« Mein Vater langte mir eine, daß mir Hören und Sehen verging, und außer dem Sehen vergingen mir auch meine Vorstellungen, die ich mir mühsam zurechtgezimmert hatte. Ich kapierte nichts mehr, und ich erinnere mich, daß ich aus Trotz meinen Bruder drei Tage hintereinander auf der Straßenseite gehen ließ; dabei überlegte ich ununterbrochen, was ich meinen Eltern sagen wollte, wenn er überfahren würde: »Warum sollte ich an seiner Stelle sterben, nicht aber anstelle des Kindes, das viel kleiner war, an dessen Stelle eigentlich mein Bruder hätte sterben müssen, wie Großmutter es uns gelehrt hat?« Im Geist sah ich meine Eltern verstummen vor dieser glasklaren Beweisführung, die ja unserer Denkweise vollkommen entsprach, und so gern hätte ich es erlebt, wie sie verstummten, daß ich ihn meinem Bruder beinahe gegeben hätte, den Schubs. Aber im selben Augenblick sah ich Barone vor mir, die Schwester an der Mauerseite, und der Mut verließ mich. Und doch war es der x-te Betrug von seiten Barones: Tags darauf ging die Schwester wieder auf der Straßenseite, und ich verstand wirklich nichts mehr; abends, als Mutter zu mir ans Bett kam, um mir den Gutenachtkuß zu geben, sagte ich weinend: »Mama, ich will nicht mehr zur Schule gehen.« Sie sagte, ich solle keine Geschichten machen, aber ich blieb dabei. Also holte sie Vater, der setzte sich auf den Bettrand, streichelte mich und fragte mich liebevoll, warum ich weine. »Ich habe beschlossen, nicht mehr zur Schule zu gehen«, sagte ich. Er gab mir eine Ohrfeige, daß mir Hören und Sehen verging. Ich weinte die ganze Nacht, aber am

Morgen stand mein Entschluß fest: Zur Schule würde ich gehen, von mir aus, aber von jetzt an wollte ich's mir fest verkneifen, an irgend etwas zu denken, bis wir zu dem verdammten Straßenstück kamen. Kaum waren wir um die Ecke herum, sollte jeder da weitergehen, wo er gerade war: Wer also außen war, sollte da bleiben. Ich hatte mich auf die Seite der Welt geschlagen, auf die der Barones und auf die des Zufalls.

Sogleich bekam ich eine Menge Schwierigkeiten. Sowie ich die Treppe hinunterstieg, zwang ich mich, an tausend andere Dinge zu denken, ich sang, aber kaum lag das Haus hinter uns, fiel mir ein, daß ich eben in diesem Moment die Position entschied, welche wir an der besagten Ecke einnehmen würden; das Problem bestand also weiter, bis ich aufs Auszählen verfiel. Hinter der Mauer hielten wir an, und auf mein »Los« zeigte jeder mit seinen Fingern eine Zahl an und sagte dazu »gerade« oder »ungerade«, dann zählten wir sie zusammen, und wer recht hatte, der mußte auf der Straßenseite gehen, aber nach einigen Tagen mußte ich bemerken, daß mein Bruder immer den Zeige- und Mittelfinger vorstreckte, immer die zwei, und ich zu dem Schluß kommen mußte, daß das Ergebnis ausschließlich von der Zahl bestimmt wurde, die ich erscheinen ließ, denn seine war immer dieselbe. Ich versuchte es mit allen Mitteln, aber am Ende mußte ich klein beigeben, denn ich konnte nicht nicht denken, konnte nicht nicht versuchen, die Rechnung zu meinen Gunsten aufgehen zu lassen, da ich sie ja gleichsam allein machte. Ich strengte mich an, nicht zu denken, aber es war unmöglich. Und da ich allein entscheiden mußte, hatte ich nicht den Mut, ihn, den Kleineren, auf der Straßenseite gehen zu lassen.

Jahre später habe ich die Geschichte von den Erbgenen erfahren, und ich habe endlich verstanden, daß die Frage der Straßenseite in mir vorprogrammiert war vom Moment der Geburt an, sie war ein Faktor meiner Familie, und ich würde nicht aufhören können, daran zu denken.

Viel Zeit war vergangen seit jener Ohrfeige, und die Wut darüber war verraucht; so nahm ich eines Montag morgens meinen Bruder an die andere Hand und ließ ihn an der Mauerseite gehen. Er aber wollte trotzdem auszählen, weil er Spaß daran hatte, und ich tat ihm den Gefallen, damit er nicht weinte, und das jeden Morgen; er warf weiter seine Zwei, und ich hatte ein leichtes Spiel, und fröstelnd machten wir uns auf den Weg zur Schule, und ich schloß glücklich die Augen, um den Fahrtwind der Autos zu spüren, die mich streiften. Barone und seine Schwester, die beachtete ich gar nicht mehr.

[1996]

Mailand, Rom, Neapel sind die drei wichtigsten Städte Italiens: Kennst du ihre Merkmale?

Ja. Beginnen wir mit Mailand, das am weitesten oben liegt. Mailand ist die Hauptstadt der Lombardei. Alle Industrien sind alle in Mailand, auch das Buch Lesen in V. In Mailand sind alle Leute reich, einer ist reicher als der andere, es gibt dort keine Armen. Ein Armer, wo in Mailand bettelt, ist nicht aus Mailand, der ist aus Foggia.

Die Leute in Mailand sehen sich nicht so sehr ins Gesicht, ein Hausnachbar ist dort wie einer, der weit weg wohnt. Wenn du in Mailand und in Bergamo hinknallst, hebt dich keiner auf: sie lassen dich auf der Straße liegen, vor allem im oberen Bergamo. In Neapel heben sie dich auf. In Rom sind alle Angeber. Wegen dem einen Mal, daß Rom die Meisterschaft gewonnen hat, sind sie immer noch Angeber. Aber sie sind auch ein bißchen sympathisch. Sie nennen uns »Vettern«.

Rom ist die Hauptstadt von Latium und die Hauptstadt von Italien. In Rom ist der Staat und ist auch der Papst, und beide herrschen, aber der Papst über die ganze Welt. Der Papst ist noch nie nach Neapel gekommen, weil er Angst hat, daß sie das Geld von ihm verlangen. Und jetzt will ich über Neapel sprechen.

Ich bin einmal in Neapel gewesen. Es war sauber. Aber vielleicht habe ich es nicht genau gesehen. In Neapel sind alle Verbrecher, Betrüger, Mörder und Süchtige. Das Meer ist eine Latrine. Sie verkaufen schon gebrauchte Muscheln. Wenn sich ein Kind aus Arzano verläuft, rauben sie es. Wenn nur eine winzige Minute lang ein Erdbeben kommt, krachen die Häuser gleich zusammen. Die Arbeitslosen sind anderthalb Millionen. Es gibt zwanzig Kinder in einer einzigen Wohnung. Im Verkehr hupen sie wie verrückt. Im Dom ist die Camorra. Ich möchte von allen drei Städten in keiner von allen drei Städten leben.

MARINO NIOLA
Arme Reiche

Untersuchungen zum Sparverhalten in Italien, zum Beispiel vom staatlichen Sozialforschungsinstitut Censis, widersprechen zwar manchen Gemeinplätzen, bestätigen dafür aber andere, vor allem die über Süditalien. Neapel etwa soll eine der verschwenderischsten Städte sein. Diese Tatsache widerspricht der allgemeinen Vorstellung von der armen Stadt. Hierzu sind ein paar Anmerkungen zu machen. Das Einkommen in Neapel liegt höher als offiziell angegeben, weil die nichtoffiziellen Einnahmen und solche durch Schwarzarbeit noch hinzukommen. Das ist freilich nicht entscheidend.

Zweifellos gibt es Armut in der Stadt; das Gefälle zu den reicheren und wirtschaftlich entwickelteren Regionen des Landes ist deutlich. Das hohe Konsumniveau steht allerdings nur scheinbar im Widerspruch zur Armut. Es ist ein häufig anzutreffender Aspekt der Armut, nicht nur in Italien.

Dafür gibt es eine Reihe von sozialen, aber auch kulturellen Ursachen. Kulturelle Muster prägen die Vorstellungen von vernünftigem und ökonomischem Verhalten und geben folglich auch eine Hierarchie der Bedürfnisse vor. Diese können nicht einfach nach einem einzigen, scheinbar objektiven, dem Modell fremden Kriterium bestimmt werden, was man täte, wenn man das Konsumniveau im Vergleich zum Einkommen als exzessiv bezeichnete und es damit stigmatisierte. Das gilt vor allem für den Konsum von Gütern und Dienstleistungen, die als überflüssig angesehen werden.

Wie ist es möglich, wird häufig gefragt, daß ausgerechnet dort, wo das Nötigste fehlt, im Übermaß und demonstrativ Luxusgüter konsumiert werden? Warum werden Luxusautos, teure Kleider, Fernseher für jedes Zimmer angeschafft, wenn noch nicht einmal die Grundbedürfnisse befriedigt sind?

Ein solcher moralisierender Positivismus übersieht die Tatsache, daß das Fehlen des Notwenigsten häufig der Grund für den Konsum von Überflüssigem ist und nicht seine Folge. Diese Kultur des Prekären, der Ungewißheit, die typisch ist für den Süden – Italiens wie der Welt –, stellt die Hierarchie der Bedürfnisse auf den Kopf, sie verwandelt den Überfluß in Notwendigkeit, weil sie im Besitz gewisser Dinge ein Symbol für die Erlösung sieht, für die Befreiung, einen Schuldschein für eine unerreichbare soziale Mobilität. Das Volk der *quartieri* im historischen Zentrum, die Bewohner des heruntergekommenen Hinterlandes glauben, sich von ihrem Los zu befreien, indem sie sich and das Stereotyp einer zufriedenen, glücklichen, erfolgreichen Bourgeoisie klammern, sich ihm angleichen, es gar auf jenem Terrain übertreffen, das offensichtlich ist: dem der reinen Kaufkraft.

Der wahre Abstand, der eine unüberbrückbare Kluft bedeutet, bleibt für denjenigen unsichtbar, der immer nur die Hoffnung hat, ihn zu überwinden, und der deshalb dazu verurteilt ist, seinen Zustand zu reproduzieren, eben als armer Reicher. Er lebt kulturell und sozial in Armut und kann dennoch viel Geld ausgeben. Er tut dies heute, aber er hat keine Garantie dafür, […] daß sich seine soziale Stellung verändern wird. Also gibt er sich der verrückten Freude hin und konsumiert, als ob das Ende der Welt unmittelbar bevorstünde. Er konsumiert Tag für Tag und beginnt jedesmal von neuem seine ewige Gegenwart. Ist es ein Zufall, daß viele südliche Dialekte kein Futur, keine Zukunftsform kennen?

[1994]

Die Begegnung

Sie durchsuchten ihn. Der Typ war kräftig, aber seine Gesten waren sanft, hatten nichts Aggressives oder Grobes. Er war größer als Lasco und lächelte ihn von der Seite an. Kannten sie sich? Vielleicht. Das Lächeln rief zwar keine präzise Erinnerung hervor, aber doch eine Spur von Vertrautheit.

Sie befanden sich im Innenhof eines Gebäudes in einer abgelegenen hügligen Gegend, wo früher einmal das Kolleg der Chinesen gestanden hatte. Lasco war lange umhergestreunt, ehe er beim Haus der Kanaille angelangt war. Er hatte sich absichtlich Zeit gelassen, während er den Angaben des Mittelmanns aus der Via Vergini folgte. Tag und Uhrzeit der Zusammenkunft hatte Spasiano festgesetzt. Ein Montag.

An diesem Montag war Lasco zu Hause geblieben und hatte darauf gewartet, dass es Abend wurde. Er hatte versucht, so wenig wie möglich an die bevorstehende Begegnung und die absehbaren Hürden zu denken, sondern beschlossen, zu schlafen, obwohl er bezweifelte, dass es ihm gelingen würde. Dagegen – oder vielleicht gerade deswegen – war er tief eingeschlafen und hatte geträumt.

Matte Lichter erleuchteten einen Garten, beherrscht von einer großen Pergola, von der Büschel dunkler Trauben hingen. Im Schlaf spürte Felice den süßherben Geschmack des Weins, den er nicht hatte probieren wollen, obwohl er ihm mit Nachdruck und sehr freundlich angeboten worden war. Von wem? Eben das war der Punkt. Felice fragte es sich, fand aber keine Antwort. Unter der Pergola, im ganzen Garten, war niemand.

Lange sah er sich dieser rätselhaften Leere ausgesetzt, selbst nach dem Erwachen, als die Uhrzeiger ihn darauf hinwiesen, dass die Zeit der Ungewissheiten angebrochen war.

Er zog sich so sorgfältig an, als würde er zu einer Verabredung mit seiner Geliebten gehen. Dann verließ er das Haus und stellte fest, dass die Stille ein Privileg weniger vereinzelter Gassen zu sein scheint. Die Sanità ist der Liebling des Chaos, bis auf den Vicolo, wo er wohnte, und der vor den schlimmsten Auswüchsen dessen geschützt war, was man Lärm nennt.

Was ist das, Lärm? Unerwünschtes Geräusch, heißt es. Aber stimmt es wirklich, dass in der Sanità das Dröhnen der »heißen Öfen«, auf denen die Leute so gern in einem frenetischen Hin und Her durch die engen, kurvigen, von Passanten und Verkaufsständen überfüllten Straßen rasen, als »unerwünscht« gilt? Wird es nicht eher als explosive Musik wahrgenommen, die wie keine andere den allgemeinen Heißhunger auf Betäubung zum Ausdruck bringt, die Sucht, den Tod zu suchen, um dem Leben einen Sinn zu geben?

War in diesem Viertel nicht gerade er – Felice Lasco – einer der Pioniere des Kults dieser blinden Geschwindigkeit gewesen? Er machte sich Vorwürfe, seit er aus Afrika zurückgekommen war und ihn die akustische Bombe ohne Vorwarnung getroffen hatte. Diese Faszination damals, woher nur?

Das liegt dir einfach im Blut, hatte Malommo, für den er schon immer ein echtes Talent für Motoren und Geschwindigkeit gewesen war, eines Abends verkündet. Als praktischer Geist und wettbewerbsorientiert, wie er war, hatte er Felice zu überreden versucht, an improvisierten Rennen teilzunehmen, die nachts auf ein paar abgelegenen Strecken nördlich von Capodimonte stattfanden.

Leute aus verschiedenen Vierteln und Vororten trafen sich da. Die Wetteinsätze waren ansehnlich. Stromaggregate erleuchteten die Party taghell (außer, es gab ein Unglück, so dass von Party keine Rede mehr sein konnte).

Malommo identifizierte sich immer mehr mit der Sache. Er wollte, dass Felice ihm jedes noch so kleine Gefühl beschrieb, vor allem, wie es war, wenn er sich leidenschaftlich über den Bauch der Gilera beugte und ihre rasende Triebkraft entfesselte. Was passiert dann? Was fühlst du? Kommt's dir dabei?

Ich fühle … ich fühle …

Er wusste nicht, wie er es sagen sollte. Durch seinen Kopf schwirrte mehr, als er fassen konnte. Ein Durcheinander aus Freude und Schmerz. Das war die »Stimme« des Rione, ihr hoffnungsloser Klang. Der im gellenden Lärm der entfesselten »heißen Öfen« kulminierte. Die Kolben der Gilera ließen auch in Malommos kontaminierten Eingeweiden eine uralte Wut explodieren. Er wurde nicht müde, den Mut des Freundes zu feiern, ihn neidlos zu bejubeln.

Der Beste? Klar doch, das bist du!

Es stimmte. Der »Beste« war er. Die Anerkennung, fand er, stand ihm zu, aber nicht, was den Wettkampf betraf, sondern wegen seiner Hingabe, seiner Leidenschaft für eine Sache, der er – wenn es möglich gewesen wäre – seine ganze Zeit gewidmet hätte.

Auch Malommo liebte es, zu fliegen. Etwas, das er mit seinem Freund teilte. Es gab aber auch Momente, in denen er ihn über sich hinaustrieb, aus dem schieren Bedürfnis nach Rausch. Nur das. Wir sind frei!, schrie Malommo grell und lachte dann wie eine Kaskade, so, wie nur er lachen konnte.

Der kräftige Typ, der ihn durchsucht hatte, schlug ihm auf die Schulter. Felice spürte seinen gleichmäßigen Atem und war beruhigt. Die Leibesvisitation hatte er nicht als demütigend empfunden. Im Gegenteil. Der physische Kontakt kam ihm wie eine freundschaftliche Botschaft vor.

Ihre Vergangenheit strotzte von solchen Parodien. Und auch diesmal war das Zeremoniell nicht anders als sonst. Ein Spiel.

Gefolgt von dem kräftigen Typen stieg er die Treppen hoch, ohne einmal innezuhalten, bei jedem Absatz überzeugt, dass es der letzte sein musste. Er ging langsam, schaute sich um, verwundert, außer ihnen beiden keine Menschenseele zu sehen. Schließlich stand er oben. Die Wohnungstür war angelehnt. Ein leichtes Zittern überkam ihn. Er fragte sich, ob er nicht einen unverzeihlichen Fehler beging.

Er suchte den Blick seines Begleiters: Er schien unentschlossen. Dann, als Felice die Tür langsam aufstieß, aber auf der Schwelle stehenblieb, gab er ihm ein Zeichen, hineinzugehen.

Dir bleibt noch Zeit, abzuhauen!

Felice atmete tief durch, wie immer, wenn ihm ein Gedanke wie ein Messer durch den Kopf schnitt. Abhauen war ja schon seit Ewigkeiten eine seiner Obsessionen.

Er murmelte etwas vor sich hin, vielleicht »Malommo«. Dann wanderten seine Augen durch einen großen, in Weiß getauchten Raum – ein schmutziges Weiß –, in dem sich nach und nach die Umrisse von Stühlen und Tischen zeigten.

Er tat ein paar Schritte nach vorn: Malommo, die Kanaille, war nicht da. Seine Skurrilität spiegelte sich jedoch in der zwischen Weiß und Elfenbein gehaltenen Einrichtung. Vielleicht waren das für ihn die Farben der Macht.

Auch das Leder der Sofas im Wohnzimmer war weiß, ebenso der opulente runde Esstisch aus Marmor.

Oreste Spasiano hatte anscheinend nicht an Mitteln gespart, um sich seinen Adlerhorst einzurichten. Von hier oben musste er eine großartige Aussicht haben.

Langsam ging Felice weiter. Die Räume waren schwach gedimmt. Grauer Halbschatten wechselte mit hellen Lichtstreifen. Er drehte sich jäh um, gepackt von dem unbändigen Drang, ihn anzusprechen.

Ore', Schluss jetzt! Schluss mit dem Versteckspiel!

Schon seit einer Weile spürte er Orestes dunkle Präsenz. Seit er die Schwelle überschritten und das Gefühl gehabt hatte, die Kanaille hätte ihn persönlich in Empfang genommen: schroff, schmächtig, ungepflegt, ironisch. So, wie er als Junge gewesen war.

Fragend schaute Felice seinen Begleiter an. Der zuckte die Achseln. Dann beschloss er, ihn nicht mehr zu suchen: die sicherste Methode, ihn herauszulocken.

Und tatsächlich, es dauerte gar nicht lange, bis Malommo sich zeigte.

Er tauchte zwischen den Kissen eines Sessels auf, die ihn ganz verdeckt hatten. Nein, er hatte keine Ähnlichkeit mehr mit dem Jungen von damals: ein ausgehöhltes Gesicht unter den vorspringenden Wangenknochen, schwarze Bartstoppeln auf den zerfurchten Wangen, die Zähne gelblich.

Da war er also doch, und er betrachtete Felice spöttisch und distanziert, als würde er auf eine Erklärung warten. Vielleicht einer der dramatischsten Momente des ganzen Abends. Keiner von ihnen wusste, was er sagen oder tun sollte. Schließlich streckte Felice die Hand aus. Und Malommo, die Kanaille, sagte: Vergiss es.

Lasco ließ den Arm sinken und auch den Kopf. Es fing schlecht an, das Treffen. Das schwache Licht ließ alles unwirklich erscheinen, wie unter einer dünnen Nebeldecke. Dann sagte Oreste, er solle sich setzen und forderte auch den kräftigen Typen dazu auf. Offensichtlich wollte er, dass es bei dieser Begegnung einen Zeugen gab. Er machte einen müden Eindruck, musterte Felice neugierig, aber auch besorgt.

Er fragte ihn gereizt, warum er ihm das Treffen erst so spät vorschlage. Seit Monaten würde er sich jetzt schon in der Sanità herumtreiben, sich mit Fremden unterhalten, auf einem klapprigen Motorrad durch die Gegend kurven, eine blasse

Erinnerung an vergangene Zeiten, durch Katakomben und Basiliken schlurfen, sich Kirchenmännern anvertrauen, die zu Recht allgemeinen Respekt genießen würden, keine Frage, auch wenn es Leute gebe, die es ebenso zu Recht vorziehen würden, sich von ihnen fernzuhalten…

Felice schaute ihn verwundert an: Malommo, die Kanaille, wollte bissig sein. Er war aber nur pathetisch, beinahe kläglich: ein Mann, der einen ängstlichen Eindruck machte und wie auf Kohlen zu sitzen schien. Felice dachte plötzlich, Oreste Spasiano wäre vielleicht krank, irgendeine schlimme Krankheit, vielleicht wären seine Tage gezählt und die angebliche Härte nichts als Show.

Aber Malommo, der bis dahin reglos im Sessel gekauert hatte, stand mit einem Mal aufrecht da, ein paar der weißen Kissen fielen zu Boden. Er spannte den Rücken, breitete die Arme aus und ballte die Fäuste. Schmächtig, ja, das war er. Aber auch robust. Und gesund.

Bei diesem Anblick kehrte schlagartig Felices ganze Unruhe zurück: Vielleicht hatte er falsch gelegen bei dem Gedanken, Spasiano wäre auf dem absteigenden Ast. Dessen Absichten lagen mehr denn je im Dunkeln, vielleicht auch für ihn selbst. Jetzt hatte sich auch sein Vertrauensmann aus dem Sessel gequält, was Felice veranlasste, ebenfalls aufzustehen oder zumindest so zu tun. Eine harsche Geste des Hausherrn hielt ihn zurück. In deutlichen Worten gab er ihm zu verstehen, dass er das keinesfalls erlauben würde, sie hätten sich ja noch unendlich viel zu sagen.

Seine Stimme war rau, als bedaure er die zuvor gezeigte Nachsicht.

Felice hatte ihn öffentlich kompromittiert, selbst wenn er nie alles bis zum Letzten erzählt hatte. Was die heikelsten Momente bei Costagliola anging, war er – nach Auskunft seiner Informanten – immer einigermaßen vage geblieben. Aber wie würde es weitergehen?

Feli', für Malommos Geschmack sitzt deine Zunge zu locker, lächelte er drohend.

Die drei saßen sich wieder gegenüber. Wahrscheinlich gab Spasiano seinem Vertrauten ein Zeichen, er solle jetzt mal verschwinden. Jedenfalls schlich er auf Zehenspitzen davon.

Und jetzt sagst du mir, was du von mir willst.

Felice schlug das Herz bis zum Halse: Nichts, ich wollte dir nur sagen, dass ich zurück bin.

Unvermittelt überfiel ihn das Gefühl, dass etwas Unwiderrufliches geschehen würde. Vielleicht war es der Kanaille gelungen, einen Joker aus dem Ärmel zu ziehen, ein Ass, und es machte ihm einfach Spaß, ihn hinzuhalten, zu reizen, zur Verzweiflung zu bringen.

Na gut, du bist zurück. Schön. Du bist zurück, um Ärger zu machen! Spasiano sprang auf und ließ Felice, der jede seiner Bewegungen angespannt verfolgte, zum wiederholten Mal zusammenzucken. Er spürte, wie Spasianos Ärger allmählich hochkochte, mit einiger Verspätung angesichts seines alles andere als geduldigen Wesens. Er beobachtete ihn eingehender. Vielleicht gab es ja doch Anzeichen für eine Krankheit: Krebs vielleicht, oder etwas in der Art. Er hatte den Gedanken, Spasiano könne krank sein, noch nicht ganz aufgegeben, er war nur kurz in den Hintergrund getreten. Jetzt wog er das Pro und Kontra ab, die Elemente, die dafür beziehungsweise dagegen sprachen. Um Malommos Augen lag ein leidvoller blauer Schatten, unbestreitbar. Sein Blick blieb häufig im Leeren hängen, wie abwesend. Am meisten gab ihm aber sein zerfurchtes Gesicht zu denken, wie Leder, ja, erdfarben.

Vielleicht war die Kanaille verrückt geworden. Oder verlor gerade jetzt, in diesen Minuten, den Verstand. Erstaunlich wäre das nicht: Seit seiner Kindheit zeigte er eine gewisse Neigung zu psychischen und emotionalen Störungen. Exzessen. Plötzlichen Stimmungswandeln. Zu grundloser, irrationaler Grausamkeit. Felice hätte jede Menge Zeichen zur Bestätigung seines Verdachts aufzählen können, ganz zu schweigen von den Schaumbläschen, die sich in Malommos Mundwinkeln sammelten, wenn er wütend war…

Vielleicht war er ja wirklich verrückt geworden. Als er begann, fieberhaft in einer Schublade zu kramen, war das für Felice ein fast definitives Alarmsignal.

Was versteckte er denn da so Wichtiges? Den Beweis, dass nicht er, sondern Felice den Mord an Costagliola begangen hatte? Zur Irreführung aller? Onkel Tinos Worte kamen ihm in den Sinn: Ohne Zeugen musste der doppelten Rekonstruktion des Verbrechens gleichermaßen Glauben geschenkt werden.

Schlagartig war er schweißgebadet, brachte kein Wort mehr heraus, während Malommo ihn musterte: Was ist?

Geht's dir nicht gut? Musst du kotzen…? Und nach einer langen Pause: Feli', wir sind beide in einer Sackgasse gelandet… Ist dir klar, dass du dein Leben riskierst? Nicht, dass ich Lust hätte, dich kaltzumachen, nein… Ich würde dich lieber retten, aber ich weiß nicht, wie. Doch, ich weiß es eigentlich schon… Nur, dass du einen Dickkopf hast und nicht aus dem Rione, aus der Stadt verschwinden willst, obwohl alle – ich auch – dich darum bitten. Weil wir alle davon überzeugt sind, dass die Dinge sich nur beruhigen und dass der Verdacht, den du gesät hast, sich nur in Luft auflöst, wenn du nach Afrika zurückgehst und diese Scheißstraßen hier in Ruhe lässt. Die Leute vergessen, keiner erinnert sich mehr an was, Feli'… Falls es nicht jemanden gibt, der ihr lahmes Gedächtnis auffrischt. Beispielsweise so ein Arsch wie du.

Felice antwortete nicht gleich. Er war wirklich schweißgebadet: Auch Oreste wollte also, dass er ging! Vor allem er.

Nein, sagte er schließlich kaum hörbar. Das ist das einzige, was du nicht von mir verlangen kannst. Verlang von mir alles, was du willst, aber nicht das: Ich will zurückkommen. Ich will hier leben.

Malommo brach in schallendes Gelächter aus: schrill, anzüglich, ärgerlich und überrascht zugleich. Du hast nur eine einzige Wahl, sagte er: Verschwinde. Drohend betonte er jede Silbe.

Auch Felice hätte sich gerne erhoben, aber er war dazu nicht in der Lage. Er spürte Orestes Blick wie ein Gewicht auf sich, wie eine Nötigung.

Ore', ich bin hier geboren. Vielleicht habe ich Fehler gemacht, aber das wird nicht mehr passieren. Ich bitte dich, im Namen unserer alten Freundschaft…

Malommo ließ sich in den Sessel fallen. Schnee von gestern, sagte er. Wir sind zwei Fremde. Nein, wir sind zwei Arschlöcher, die sich hassen.

Eine ruhige Wut, mit der er Felice seine Flucht aus Neapel nach dem Verbrechen an Costagliola vorhielt: Du hast mich hängenlassen, Feli'. Du hast dich benommen wie ein Scheißfeigling. Hast mich aus deinem Herzen gestrichen. Sogar, als du dich dann in Sicherheit gebracht hast. Keine Zeile, kein Anruf. Ich war dir zuwider, ja? Jetzt reicht's! Ich bin kein Heiliger: Du verschwindest von hier!

Während er seine Bedingungen diktierte, schaute er ihn nicht an, sondern strich mit seinen langen schönen Fingern über ein weißes Kissen, als schriebe er eine Nachricht. Felice hätte drei Tage, um das Feld zu räumen. Drei Tage, mehr nicht. Danach…

Felice entgegnete nichts. Er schüttelte nur den Kopf. Nein, er würde nicht gehen, nie und nimmer. Da gab es kein Verhandeln.

Ohne, dass er es bemerkte, wurde auch er rigide, hart, direkt, als hätte er sich einen Helm aufgesetzt. Er fühlte sich als Opfer eines unerhörten Akts der Gewalt.

Ore', sagte er, es gibt keine Waffen, die mich dazu bringen könnten, nochmal abzuhauen. Stimmt, als Junge habe ich mich wie ein Stück Scheiße verhalten, ich habe mir vor Angst in die Hosen gemacht. Aber jetzt bin ich ein Mann. Ich bin nicht nur älter geworden. Ich habe mich auch verändert. Wenn du wüsstest, was ich durchgemacht habe! Ore', wir sind keine Jungs mehr. Wir werden langsam alt. Schau mal, ich bin zu dir gekommen, um Frieden zu schließen, aber du willst den Krieg, um jeden Preis. Nur so, aus einer Laune heraus.

Vermutlich hätte er den letzten Satz nicht sagen sollen. Ein Fehler. Malommos Reaktion ließ nicht auf sich warten. Er sprang auf.

Ach ja, nur eine Laune, sagte er. Kann das sein, dass du einen Dreck von dem verstehst, was vor sich geht? Die Polizei macht sich schon Gedanken, man hat's mir zugetragen, ich habe meine Leute. Feli', du spielst mit dem Feuer, dem Feuer, ja, hast du das kapiert?

Nein, habe ich nicht: Willst du mich umbringen?

Felice zufolge – als er mir von der Begegnung berichtete – waren Orestes Drohungen nicht ernst gemeint. Orestes Stern begann zu sinken, er war schon gesunken, und so fühlte sich Spasiano auch, klein und geschlagen. Verängstigt. Und deshalb bellte er. Ihm stand eine verhängnisvolle Melancholie ins Gesicht geschrieben. Es gelang ihm nicht, seine Miene zu kontrollieren. Er würde ihn nicht töten. Niemals. Ein Mann, der tötet, gewährt weder Auswege noch Aufschub. Oreste, das dachte Felice, war nicht mehr er selbst, ihm musste etwas so Erschütterndes zugestoßen sein, dass es seinen Charakter verändert hatte. Litt er darunter, dass er nicht mehr kommandierte, wie früher? Dass er zunehmend in Konkurrenz zu Jugendbanden stand, die auf Gewalt setzten, um der Gewalt willen? Er hätte ihm gern gesagt: Ore', du bist nicht mehr du selbst! Du bist nicht mehr der tolle Typ von damals. Er hätte gern im sandigen Grund seiner Seele gegraben, in dieser deutlich sichtbaren Orientierungslosigkeit, die ihn trotz seiner Vergangenheit – oder wegen ihr – gepackt hatte, ein Fisch auf dem Trockenen.

In jedem Fall machte ihm der Tod keine Angst. Vielleicht fürchtete Oreste, der damit drohte, den Tod weit mehr. Nicht ohne guten Grund, so wie Felice ihn in die Ecke getrieben hatte. Vielleicht hatte er wirklich mehr gesagt als nötig, als er seine Sünden herumerzählte. Es war ihm nicht bewusst gewesen. Auch als Junge hatte er häufig zwischen Traum und Wirklichkeit gelebt. Genau wie bei seiner Rückkehr in die Sanità, fünfundvierzig Jahre, nachdem er geflohen war, als die Vergangenheit sich wie ein wütendes Rudel streunender Hunde auf ihn gestürzt und die Reue ihn zu Geständnissen hingerissen hatte.

[2016]

Das literarische Neapel

Die Zeiten sind längst vorbei, in denen Neapel als die schönste Stadt Italiens oder gar, wie der weitgereiste Alexander von Humboldt meinte, als eine der drei schönsten Städte der Welt galt (die beiden anderen waren für ihn Salzburg und Konstantinopel). Wer heute als Tourist die Stadt betritt, vorsichtig die Schritte setzend, die Handtasche fest im Griff, spürt, daß er sich auf fremdem Terrain bewegt. »Dem reisenden Bürger, der bis Rom sich von Kunstwerk zu Kunstwerk wie an einem Staket weitertastet, wird in Neapel nicht wohl«, hat schon 1925 Walter Benjamin geschrieben.* Was damals dem zivilisationskritischen Blick der Besucher aus dem Norden noch als die Utopie einer urbanistischen Vor-Moderne erscheinen konnte: die »Porosität« ihrer Strukturen (Ernst Bloch), das »Ideal des Kaputten« in ihren technischen Abläufen (Alfred Sohn-Rethel), hat in den Jahrzehnten einer falsch angelegten Industrialisierung und eines gigantischen Wachstums nach dem Zweiten Weltkrieg eine Mega-Metropole entstehen lassen, in der schon das Überqueren einer Straße ein Abenteuer sein kann, das alle Sinne in Anspruch nimmt. Dabei liegt, was an Neapel irritiert, nicht nur an der Oberfläche. Der Vesuv über dem Golf, keineswegs erloschen, sondern nur seit drei Generationen ruhend, erinnert sichtbar daran, daß Neapel auch im natürlichen Sinn auf unsicherem

---

* Walter Benjamin/Asja Lazis, *Neapel.* In: *Gesammelte Schriften*, Bd. IV, 1, Frankfurt 1972, S. 307.

Grund gebaut ist. La terra trema, die Erde bebt: Das gilt für Neapel in vielfacher Bedeutung, und es drückt ein verbreitetes Lebensgefühl aus, dessen Wurzeln tief in die Vergangenheit reichen. »Wenn ich in Neapel bin«, hat mir einmal der aus Neapel gebürtige Schriftsteller Carlo Bernari in Rom erzählt, »stelle ich am Abend meine Schuhe immer so vor das Hotelbett, daß ich jederzeit weglaufen könnte; ich habe stets das Gefühl, irgend etwas könnte passieren.« – Neapel: ein Trauma. Es ist dieses beunruhigende Lebensgefühl, dem neapolitanische Autoren in Bildern einer neuen Mythologie des Makabren Ausdruck geben; so gesehen hat die Ratte, die »unangefochtene Herrin der neapolitanischen Nacht« (Felice Piemontese), längst die Nymphe Parthenope als Emblem der Stadt in den Schatten gestellt.

Es ist schwierig, Neapel als Fremder gerecht zu werden, zu sehr liegen Irritation und Faszination, Abwehr und Idealisierung miteinander im Streit. Neapel sei »einer der schlimmsten Orte Italiens«, hat der aus Turin gebürtige Guido Ceronetti in seiner *Italienischen Reise* geschrieben, und er fügt hinzu: »Aber diese ganze Nation ist nichts anderes als eine Ansammlung von Pestbeulen vieler einzelner Neapel.«* Pier Paolo Pasolini, Norditaliener auch er, hat den gleichen urbanistischen und sozialen Befund gänzlich anders gedeutet. Neapel ist für ihn »die letzte plebejische Metropole«, und darum gerade »nicht italienisch« im eigentlichen Sinn, vielmehr: vital, nonkonformistisch, präzivilisiert, archaisch. Und: »Mir ist nun mal die Armut der Neapolitaner lieber als aller Wohlstand der italienischen Republik.«**

Die Neapolitaner selber hören solche Liebeserklärungen nur mit gemischten Gefühlen. Es sei das Problem Neapels, daß die Stadt nach dem Zweiten Weltkrieg den Anschluß an die Moderne verloren habe und an die Peripherie eines »karolingischen« Europa geraten sei, das zwischen Deutschland und Frankreich verhandelt werde, schreibt Raffaele La Capria.*** Die von ihm und anderen Intellektuellen geforderte Erneuerung Neapels ist in den vergangenen Jahren kräftig in Gang

---

* Guido Ceronetti, *Un viaggio in Italia*, Torino 1983, S. 265.
** Pier Paolo Pasolini, *Gennariello*, in: »Freibeuter«, Berlin 1980, S.126f.
*** Raffaele La Capria, *L'occhio di Napoli*, Milano 1994, S.19.

gekommen – wobei ein wesentlicher Akzent der urbanistischen Reform damit gesetzt wird, Neapel wieder als Kulturmetropole zu profilieren. »Requalifizierung des städtischen Raums« heißt die Parole: Verfallene Palazzi wurden restauriert, Fußgängerzonen wurden eingerichtet, der Bauspekulation geht es an den Kragen, das U-Bahn-Netz wurde ausgebaut. Kirchen und andere öffentliche Gebäude, die jahrelang »wegen Restaurierung« geschlossen waren, sind zum Teil wieder zugänglich, Museen für zeitgenössische Kunst sind entstanden. Seit einigen Jahren ist die Stadt zudem Ziel wachsender Touristenströme geworden. Das alles bedeutet keineswegs, daß – wie *Der Spiegel* euphorisch behauptet hat* – in Neapel alles anders geworden sei. Korruption, Kriminalität, Desorganisation und Mangel an Privatinitiative gibt es noch immer, aber ein Wandel der Mentalität zeichnet sich seit Jahren ab. Dafür ein Beispiel: Als im Mai 1996 der Direktor des *Istituto di Studi Filosofici*, Gerardo Marotta, ein alter Herr, auf der Piazza Plebiscito Opfer eines *scippo*, also eines der nur allzu bekannten Raubüberfälle wurde, versammelten sich wenige Tage später auf dem gleichen Platz Zehntausende von Menschen zu einer Protestkundgebung unter dem Motto *Liberiamoci dagli scippi* (»Schluß mit den Raubüberfällen«). Das ist vielleicht nicht viel, aber was es bedeutet, mag man daran ermessen, daß die Devise »Nichts sehen – nichts hören – nichts wissen« gegenüber öffentlichen Gewalttaten im Süden lange Zeit an der Tagesordnung war. Zahlreiche Initiativen sind inzwischen entstanden, die an einer besseren Zukunft für die Stadt und ihre Bewohner arbeiten, wie etwa die Jugend-Initiative La Paranza im Sanità-Viertel mit dem Priester Don Antonio Loffredo, die die antiken Katakomben und andere Sehenswürdigkeiten selbstorganisiert wieder zum Leben erweckt haben.

Eine »literarische Einladung nach Neapel« ist also die Einladung in eine Stadt, die auch bei den in ihr geborenen oder in ihr lebenden Schriftstellern (und ausschließlich sie, »neapolitanische« Autoren der Zeit vom Ende des Zweiten Weltkriegs bis zu Gegenwart, sind in dieser Anthologie versammelt) immer wieder als Thema selber präsent ist. Der erwähnte La Capria hat diese Eigentümlichkeit einmal so

---

* »Der Spiegel« 22/1995, S. 164 ff.

formuliert: Anders als ein in Rom, in Turin oder in Triest zur Welt gekommener »italienischer« Autor wird ein in Neapel geborener Schriftsteller vom Publikum immer als »neapolitanischer« Schriftsteller wahrgenommen werden (was im übrigen auch für einen sizilianischen Autor gilt – man denke an Lampedusa, an Sciascia, Bufalino oder Camilleri). Auch literarisch gesehen spielt der Süden Italiens noch immer eine Sonderrolle, ist nicht einfach »Italien«.

Hauptstadt des Südens

Daß Neapel einmal eine Hauptstadt, auch eine Hauptstadt der Literatur, und das Neapolitanische (eine eigene Sprache, kein Dialekt!) eine Literatursprache eigenen Ranges gewesen ist, ist heute kaum noch bekannt. Im siebzehnten und achtzehnten Jahrhundert war Neapel neben Paris und London die dritte europäische Großstadt und, zunächst unter spanischer, dann unter bourbonischer Herrschaft die glanzvolle und umtriebige Kapitale des Königreichs Beider Sizilien. Die Reisenden der *Grand Tour*, die damals aus der klassischen »Hauptstadt der Welt«, dem jedoch an Einwohnerzahl vergleichsweise bescheidenen Rom kamen, das zudem mit seinen ausgedehnten Grünzonen innerhalb der antiken Mauern einen eher ländlichen Eindruck machte, sahen sich in der Stadt am Golf plötzlich in eine brodelnde Großstadtlandschaft, eine wahre Metropole versetzt. »Meiner Meinung nach ist Neapel die einzige Stadt Italiens, die wirklich die Hauptstadt spüren läßt; der Verkehr, der Auflauf des Volkes, die Zahl und der beständige Lärm der Wagen, eine wirkliche Hofhaltung, die Lebensart und Prachtliebe der großen Herren: all das trägt dazu bei, ihr jenes lebhafte und rege Äußere zu geben, das Paris und London haben und das man in Rom ganz und gar nicht findet.« So schrieb der französische Politiker Charles de Brosses, der 1739/40 das Land bereiste.* Vor allem für die deutschen Kleinstadtbürger war die Begegnung mit dieser Riesenstadt Schock und Rausch zugleich. Goethes Weimar zählte rund 6000 Einwohner; in Neapel mit seinen

---

* Charles de Brosses, *Lettres historiques et critiques sur l'Italie*, vol. II, Paris 1799, S. 145.

350000 Einwohnern betrat der Autor der *Italienischen Reise* zum ersten und einzigen Mal in seinem Leben eine »wirkliche« Großstadt. Kein Wunder, daß das mühsam gebildete bürgerliche Ich hier ins Taumeln geraten mußte: »Ich erkenne mich kaum, ich scheine mir ein ganz andrer Mensch. Gestern dacht' ich: ›Entweder du warst sonst toll, oder du bist es jetzt ‹*. Ähnliche Erfahrungen, in denen sich die Wahrnehmungsweisen der Moderne ankündigen, haben zahlreiche andere Bildungsreisende im Menschenozean dieser Großstadt des italienischen Südens gemacht.

Zwischen Umgangs- und Kultursprache: das Neapolitanische

In seiner »goldenen« Zeit, im siebzehnten und frühen achtzehnten Jahrhundert, hatte sich die Stadt auch zu einer Hauptstadt der Literatur und der Musik (vor allem der Oper und des Madrigals) entwickelt. Mit Giulio Cesare Cortese und Giambattista Basile war damals das Neapolitanische zur Literatursprache geworden, einer Sprache, in der sich Höfisches und Populäres, die gelehrte Kunstfertigkeit und die »Kultur des Lachens« (Bachtin) in eigentümlicher Weise vermischten: Basiles *Pentamerone*, »das schönste Buch des italienischen Barock« (Benedetto Croce), begründete die europäische Tradition des Literaturmärchens, die über Charles Perrault und die Brüder Grimm bis heute weiterwirkt. Über die *Commedia-dell'arte*-Truppen und die *Opera buffa* war das Neapolitanische lange Zeit als internationale Literatursprache in Europa präsent. Gegen Ende des achtzehnten Jahrhunderts wurde es von den neapolitanischen Aufklärern um Abbé Galiani zum Gegenstand gelehrter Beschäftigung auf der Suche nach einer »neapolitanischen« Identität. Und Benedetto Croce hat es dann im 20. Jahrhundert in den größeren Zusammenhang der italienischen Literatur- und Geistesgeschichte gestellt.

Auf diese Weise ist das Neapolitanische in Neapel bis heute auf zweierlei Weise gegenwärtig: als Umgangssprache und als Kultursprache. In beiden Bereichen konkurriert es

* Johann Wolfgang von Goethe, *Italienische Reise*, 16. März 1787.

mit der italienischen Standardsprache, die seit der Einigung Italiens als Schulsprache und seit den sechziger Jahren als Fernsehsprache das Neapolitanische immer mehr in den Hintergrund drängt. Und zwischen dem einen und dem anderen, dem Neapolitanischen und dem Standarditalienischen, werden die Grenzen immer wieder neu verhandelt. »Sprich italienisch!« herrschen bildungsbeflissene Eltern die kleinen Kinder an, wenn sie neapolitanisch reden – aber schon im nächsten Augenblick lacht man gemeinsam über einen neapolitanischen Witz von Totò. Denn dort, in der Popularkultur, hat das Neapolitanische als öffentliche Sprache bis heute sein unbestrittenes Terrain: in den Sprichwörtern, den Kanzonen, dem Puppenspiel, der Komödie. Mit Totò und vor allem mit den Theaterstücken, Gedichten und Filmen von Eduardo De Filippo hat es im zwanzigsten Jahrhundert noch einmal großen literarischen Rang gewonnen. Und noch immer gibt es in Neapel eine lebendige Theater- und Musikszene, die das Neapolitanische vor seiner Identifizierung mit Tele-Kitsch und Folklorismus in Schutz nehmen will.

Historische Dekadenzen

Der Niedergang Neapels von der glanzvollen Kapitale des Königreichs Beider Sizilien zu der Stadt von heute, jener Stadt, vor der schon die Taxifahrer in Mailand den Reisenden auf der Fahrt zum Bahnhof mit beredten Worten warnen zu müssen glauben, ist auch in Neapel selber ein immer wieder leidenschaftlich diskutiertes Thema. Die Neapolitaner lieben es, über die Vergangenheit ihrer Stadt zu sprechen, sich in ihrem Glanz zu sonnen: in einer Mischung aus Leidenschaft und Larmoyanz. Sie beschwören die *tempi passati*, in denen alles einmal besser gewesen sei: die Regierung und der Zusammenhalt der Familien, das Blutwunder von San Gennaro und das Fest von Piedigrotta, die Küche, das Meer und das Wetter. Sie pflegen ein ausgeprägtes Bewußtsein einer »regionalen Identität«, in der kulturelle Werte eine große Rolle spielen und die sich vor allem *gegen* Bevormundungen und Verächtlichkeiten aus dem Norden richtet. (Ein bißchen davon kann man in Luciano De Crescenzos *Also sprach Bellavista* wiederfinden.)

Wer der historischen Genese dieses »Niedergangs« der Stadt auf die Spur kommen möchte, stößt auf bestimmte geschichtliche Daten. Ein folgenreicher historischer Einschnitt war das Jahr 1799: Nach der gescheiterten Revolution im Schatten der napoleonischen Eroberung richteten die zurückkehrenden Bourbonen in Neapel ein Blutbad an, dem die Köpfe der bürgerlichen und aristokratischen Intelligenz und damit jene Schichten zum Opfer fielen, die andernorts das Ferment der Erneuerung alter absolutistischer Strukturen bildeten. Das Königreich Neapel gerät jetzt in den Windschatten der politischen Entwicklung. Als es im Jahr 1859 von den Truppen Garibaldis erobert und an das Königreich Italien angeschlossen wird, verliert Neapel auch seine Rolle als Hauptstadt, wird Teil jenes *Mezzogiorno*, das aus der Perspektive des jetzt zur Herrschaft gelangenden Nordens als »unterentwickelter«, als »rückständiger« Landesteil erscheint. Die großen Cholera-Epidemien der achtziger Jahre wurden dann Anlaß für eine urbanistische »Sanierung« und »Modernisierung« der Stadt, durch die große Teile der alten Wohnquartiere zerstört wurden. Santa Lucia, das berühmte Hafenviertel, verschwindet aus dem Stadtbild – und überlebt in der Folklore. Jetzt erst blüht eigentlich jene Kultur der *napoletanità* auf, in der die Stadt nostalgisch sich selber feiert: in der Melancholie der Kanzonen, in den Maskeraden des Pulcinella, in der Straßenmusik der *Posteggiatori*, bei den Tarantella-Tänzern, in den Stücken der Puppenspieler und der populären Theatertruppen. Oder in den volkstümlichen Bildern der *mangiaspaghetti* vor den Garküchen, den *scugnizzi*, den Straßenkindern in Spaccanapoli, den Geschichtenerzählern auf dem Molo, dem Mond über der Mergellina – kurzum in jener neapolitanischen Folklore, die das Bild der Stadt in Europa geprägt hat und in der auch viele Neapolitaner selber sich immer wieder gerne wiederfinden. In jener Zeit entsteht aber auch mit Edoardo Scarfoglios und Matilde Seraos Sozialreportagen (*Il ventre di Napoli*, 1884) eine neue Gattung der kritischen Neapel-Literatur, in der sich die Anprangerung der sozialen Verhältnisse in den Altstadtquartieren mit der durchaus liebevollen Beschreibung des Lebens der kleinen Leute verbindet. Autorinnen und Autoren wie Ermanno Rea oder Valeria Parrella folgen noch im 21. Jahrhundert dieser kritischen Lektüre der Stadt.

Ein drittes folgenreiches Datum ist durch das Ende des Zweiten Weltkriegs markiert. Neapel war die erste italienische

Stadt, die sich nach der Landung der Alliierten im September 1943 aus eigener Kraft von den deutschen Besatzern befreite. Jetzt wird es in der Stadt am Golf für kurze Zeit noch einmal international und tumultuarisch (Malapartes Roman *Die Haut* und Eduardo De Filippos Film *Napoli milionaria* erzählen davon). Aber die Entwicklung der Nachkriegszeit stellt Neapel (und den gesamten Süden Italiens) erneut in den Schatten. Ökonomische Hilfsprogramme wollten den *Mezzogiorno* »industrialisieren«, führten jedoch zur Zerstörung traditioneller wirtschaftlicher und sozialer Strukturen, vor allem im Bereich des Kleingewerbes, der Manufakturen und des Dienstleistungssektors. Und wenn sich Neapel in den fünfziger Jahren noch einmal im Glanz der Tatsache spiegeln zu können glaubte, »einer der fünf oder sechs Nabel unseres Planeten Erde zu sein« (Ermanno Rea*), dann verdankte sich dieser Ruhm nur der fragwürdigen Logik des Kalten Krieges: Die Stadt am Golf war Stützpunkt der amerikanischen Sechsten Flotte und des NATO-Hauptquartiers Süd. Unter ihrem »Schutz« konnten sich Schmuggel und *malavita* fast ungehindert etablieren.

Die letzte der großen Katastrophen war dann das Erdbeben von 1980. Sie schien den Zusammenbruch der Kapitale Neapel endgültig zu bestätigen (Erri de Lucas Erzählung *Nach dem Erdbeben* hält die Situation fest).

Napoli povera und Napoli nobile

Was ist Neapel? Wer sind die Neapolitaner? Wo ist der Platz Neapels in Europa und in der Welt? Das sind Fragen, auf die eine »neapolitanische« Literatur seit dem Zweiten Weltkrieg immer wieder zu antworten sucht. »Über den Charakter der Neapolitaner gibt es eine umfangreiche Literatur«, stellt der Archäologe Amedeo Maiuri in seinem literarischen Tagebuch von 1946 fest, und er fügt hinzu: »Aber es sind falsche Bilder, die sich in den Stereotypen der touristischen Wahrnehmung eines ›von Teufeln bewohnten Paradieses‹ verdichtet haben«**. Die Neapolitaner der *bassi*, der Quartiere der kleinen

* Ermanno Rea, *Mistero napoletano*, Torino 1995, S. 63.
** Amedeo Maiuri, *Del carattere dei napoletani*, in: *Passeggiate campane*, Firenze 1957, S. 7–9.

Leute selber zur Sprache kommen zu lassen (zu einer authentischen und unverstellten Sprache, wie man glaubte): das war das Programm des neorealismo, dem die neapolitanische Literatur die Romane Carlo Bernaris (*Tre operai*, 1934; *Vesuvio e pane*, 1956) oder Roberto Rossellinis Film *Paisà* (1946) verdankt. Auch Anna Maria Orteses 1953 erschienenes Neapel-Buch gehört in dieses Umfeld. Es trägt den bezeichnenden Titel *Il mare non bagna Napoli* (»Neapel liegt nicht am Meer«) und nimmt die erzählerische Tradition der kritischen Stadtreportage auf. Seine Schauplätze sind die populären Quartiere der *Forcella* und der *Sanità* und die Konflikte der Menschen, die dort leben. Auch der bekannteste neapolitanische Erzähler der Nachkriegszeit, Domenico Rea, sucht die Schauplätze seiner Romane im Milieu der *gente povera*. Sein großer erotischer Roman *Ninfa plebea* (»Plebejische Nymphe«) feiert die unverstellte, direkte, »heidnische« Sinnlichkeit des Südens: Die Neapolitaner hängen einem einfachen und unsentimentalen Materialismus an, für Geld tun sie alles – so schreibt Rea in seinem Essay *Le due Napoli* (»Die beiden Neapel«), in dem er mit den »folkloristischen« Neapel-Bildern der Jahrhundertwende abrechnet.*

Neapel scheint in dieser literarischen Strömung der Nachkriegszeit ganz aufzugehen in dem, was in der deutschen Tradition *das Volk* heißt: einem »Volk«, das liebt, leidet, aufbegehrt und das in »realistischen« Handlungssequenzen von intellektuellen Autoren ins Bild gerückt wird. In der Tat schöpft die »neapolitanische« Nachkriegs-Literatur immer wieder aus jenem Fundus des »Populären«, der in Neapel – anders als in anderen europäischen Städten noch immer präsent ist und der das soziale Substrat jener vielbeschworenen *napoletanità* bildet, die jeder Autor anders versteht – romantisch, kritisch, politisch – und die doch ein heimlicher Bezugspunkt aller Rede über Neapel zu sein scheint.

Daß Neapel auch das *Napoli nobile* des Vomero und des Posillipo ist, die Stadt der großen alten Familien mit den Großmüttern und Tanten in den verfallenen barocken Palästen, die Stadt mit den großbürgerlichen oder aristokratischen Traditionen, die, vielleicht überlebt, dennoch um so

---

* Domenico Rea, *Le due Napoli*, Napoli 1996, S. 29–47.

hartnäckiger zelebriert werden, die Stadt einer fremden Kindheit und einer sentimentalen, vergnügungssüchtigen, bürgerlichen Jugend: Dies ist eine gänzlich andere Linie der »neapolitanischen« Literatur. In den Kindheitserinnerungen von Fabrizia Ramondino und Elisabetta Rasy werden die Bilder dieses anderen Neapel beschworen: in der Ich-Form der subjektiven Erinnerung. Fast immer geht es dabei um Verlorenes, um das Ende der Kindheit und der Jugend, in der das Ende einer untergegangenen Epoche beschworen wird. »Nach jenem Weihnachtsfest bin ich nie wieder nach Neapel gekommen, es sei denn als Touristin oder als flüchtige Zeugin von Begräbnissen oder anderen finalen Ereignissen«: So endet Elisabetta Rasys neapolitanische Kindheitsgeschichte.[*] Neapel: das ist hier die andere Zeit des Lebens, die endgültig verschwunden ist und in die aus Rom oder Mailand (Refugium der meisten »neapolitanischen« Autoren) kein Weg mehr zurückführt. Auch in Elena Ferrantes »Genialer Freundin« (2016f.) oder in Andrea Giovenes »Autobiographie des Giuliano di Sansevero« (2022f.) verbindet sich die Erinnerung an das »alte« Neapel für immer mit solchen lebensgeschichtlichen Brüchen.

Nostalgie, Erinnerung an die verlorene Zeit, ist auch das Thema von Raffaele La Caprias Romanen und Essays. Und dort spielt auch Landschaft wieder eine große Rolle, die Landschaft des Meeres und der »homerischen« Küsten des Golfs, die in der »realistischen« und in der »Erinnerungs«-Literatur so gut wie nicht vorhanden schienen. »Dies ist die Landschaft meiner Seele, hier konnte ich eintauchen in das Vergessen und doch glücklich darüber sein, nicht Nichts zu sein, hier fühlte ich mich wie der Kiesel, der über den Strand rollt und von dem niemand weiß. Ich liebe die Küsten des Tyrrhenischen Meeres, wie sie aus den Zuckungen der Vulkane entstanden sind, ich liebe die dolomitischen Felsen, die steil ins flüssige Blau abstürzen, und das Meer, das dicht wie Metall hingegossen, sich gelb und violett in den Farben der überhängenden Klippen spiegelt.« So schreibt hymnisch und schönheitsversessen Raffaele La Capria.[**] Aber der Wechsel von der Gegenwarts- in die Vergangenheitsform ist typisch

* Elisabetta Rasy, *Posillipo*, Milano 1997, S.144.
** Raffaele La Capria, *L'armonia perduta*, Milano 1990, S.164.

auch für seine Prosa, und sein Neapel-Buch trägt den bezeichnenden Titel *Die verlorene Harmonie*.

Ist Neapel schön? Mit dieser Frage eröffnete Eckart Peterich,
schönheitsvergessen auch er, das Neapel gewidmete Kapitel
seines »Italien«-führers*. Für Venedig, Florenz, San Gimi-
gnano oder Orvieto würde sich eine solche Frage erübrigen.
Daß sie in Neapel und nicht zuletzt von der »neapolitanischen« Literatur immer wieder leidenschaftlich erörtert wird
und daß es so schwer ist, darauf eine Antwort zu finden, ist
Teil der Faszination und der unverwechselbaren Schönheit
dieser Stadt.

---

* Eckart Peterich, *Italien*, Bd. 2, München 1976, S. 522.

Neapolitanische Literatur
Eine Lektüre-Auswahl

MASUCCIO: *Novellino. Renaissancenovellen aus Neapel und dem Süden Italiens.* 2 Bände. Berlin (Wagenbach) 1988.

GIAMBATTISTA BASILE: *Das Märchen der Märchen. Das Pentamerone.* München (C.H.Beck) 2000.

POMPEO SARNELLI: *Die fünf Märchen vom Gastmahl in Neapel.* Frankfurt am Main (Insel) 1988.

CURZIO MALAPARTE: *Die Haut.* Karlsruhe (Stahlberg) 1950.

NORMAN LEWIS: *Neapel 1944.* Wien (Folio) 1996.

ANNA MARIA ORTESE: *Neapel. Stadt ohne Gnade.* Frankfurt am Main (S. Fischer) 1955. Neuübersetzung: *Neapel liegt nicht am Meer.* Erzählungen. Berlin (Friedenauer Presse) 2019.

ALFRED SOHN-RETHEL: *Das Ideal des Kaputten. Über neapolitanische Technik.* Bremen (Wassmann) 1990.

FELIX HARTLAUB: *Parthenope oder Das Abenteuer in Neapel.* München (dva) 1951 u. ö.

CARLO BERNARI: *Der Vesuv raucht nicht mehr.* Roman. München (Biederstein) 1956.

GIUSEPPE MAROTTA: *Das Gold von Neapel.* Frankfurt am Main (Fischer Taschenbuch) 1958.

RAFFAELE LA CAPRIA: *Tödlich verwundet.* Roman. Neuwied (Luchterhand) 1963.

LUCIANO DE CRESCENZO: *Also sprach Bellavista. Neapel, Liebe und Freiheit.* Zürich (Diogenes) 1988.

ELISABETTA RASY: *Das Meer beginnt in Neapel.* Frankfurt (Schöffling) 1999.

FABRIZIA RAMONDINO: *Althénopis. Kosmos einer Kindheit.* Roman. Zürich (Arche) 1986. Frankfurt am Main (Luchterhand Literatur) 1989.

MARCELLO D'ORTA (Hrsg.): *In Afrika ist immer August. Sechzig Schulaufsätze neapolitanischer Kinder.* Zürich (Diogenes) 1991.

FABRIZIA RAMONDINO: *»Nicht sehr verläßlich zu Haus ...«. Erinnerungen an Neapel.* Zürich (Arche) 1992.

GUSTAW HERLING: *Das venezianische Porträt.* Erzählungen. München (Hanser) 1996.

ANNA MARIA ORTESE: *Die Klage des Distelfinken.* Roman. Frankfurt am Main (Fischer Taschenbuch) 1997.

FRANCESCO COSTA: *Der Fuchs mit den drei Pfoten.* Roman. Frankfurt am Main (S. Fischer) 1997.

MARIA ORSINI NATALE: *Die Pastakönigin.* München (Kabel) 2000.

SUSAN SONTAG: *Der Liebhaber des Vulkans.* München (Hanser) 1993.

MARINO NIOLA: *Totem und Ragù. Neapolitanische Spaziergänge.* München (Luchterhand) 2000.

FRANZ WERFEL: *Die Geschwister von Neapel.* Frankfurt (Fischer) 2001.

ERRI DE LUCA: *Der Himmel im Süden.* Reinbek (Rowohlt) 2003.

MARGUERITE YOURCENAR: *Anna, soror...* Bremen (Manholt) 2003.

SANDOR MARAI: *Das Wunder des San Gennaro.* München (Piper) 2004.

DOMENICO STARNONE: *Via Gemito.* Roman. Innsbruck u. Wien (Haymon) 2005.

NANNI BALESTRINI: *Sandokan. Eine Camorra-Geschichte.* Berlin (Assoziation A) 2006.

VALERIA PARRELLA: *Der erfundene Freund.* Berlin (Wagenbach) 2006.

ROBERTO SAVIANO: *Gomorrha. Reise in das Reich der Camorra.* München (Hanser) 2006.

ERRI DE LUCA: *Der Tag vor dem Glück.* Roman. Berlin (Graf) 2010.

DOMENICO REA: *Neapel zwischen Nacht und Morgengrauen.* München (Hanser) 2011.

MAURIZIO DE GIOVANNI: *Die Gauner von Pizzofalcone.* Kriminalroman. Reinbek (Rowohlt) 2015.

ELENA FERRANTE: *Meine geniale Freundin.* Roman. Berlin (Suhrkamp) 2016.

WANDA MARASCO: *Am Hügel von Capodimonte.* Wien (Zsolnay) 2018.

ERMANNO REA: *Nostalgia.* Roman. Wiesbaden (Marix) 2022.

ANDREA GIOVENE: *Die Autobiographie des Giuliano di Sansevero.* Bd.1: *Ein junger Herr aus Neapel.* Berlin (Galiani) 2022.

Neapel im Film
Eine Auswahl

Torna a Sorrento (1945). R: Carlo Ludovico Bragaglia.

Paisà (1946). R: Roberto Rossellini.

Catene (1949, dt. Fassung *Sühne ohne Sünde*). R: Raffaello Matarazzo.

Napoli milionaria (1950, dt. Fassung *Millionenstadt Neapel*). R: Eduardo De Filippo. Mit Totò, Eduardo De Filippo, Mario Soldati u. a.

Anema e core (1951). R: Mario Mattoli.

Filumena Marturana (1951). R: Eduardo De Filippo.

Vedi Napoli e poi muori (1952). R: Riccardo Freda.

Napoletani a Milano (1953). R: Eduardo De Filippo.

Un turco napoletano (1953). R: Mario Mattoli. Mit Totò.

Carosello napoletano (1953, dt. Fassung Karussell Neapel). R: Ettore Giannini.

L'oro di Napoli (1954, dt. Fassung *Das Gold von Neapel*). R: Vittorio De Sica, nach dem gleichnamigen Buch von Giuseppe Marotta. Mit Sophia Loren, Totò, Eduardo de Filippo u. a.

Viaggio in Italia (1954, dt. Fassung *Liebe ist stärker*). R: Roberto Rossellini. Mit Ingrid Bergman und George Sanders.

Napoli, terra d'amore (1954). R: Camillo Mastrocinque.

Pane, amore e … (1955, dt. Fassung *Liebe, Brot und 1000 Küsse*). R: Dino Risi. Mit Sophia Loren, Vittorio De Sica u. a.

Milanesi a Napoli (1955). R: Enzo Di Gianni.

Addio per sempre (1957). R: Mario Costa.

Napoli, sole mio (1958). R: Giorgio Simonelli.

Napoli è tutta una canzone (1959). R: Ignazio Ferronetti.

It started in Naples (1959, dt. Fassung *Es begann in Neapel*). R: Melville Shavelson. Mit Sophia Loren, Vittorio De Sica, Clark Gable u. a.

Tutti a casa (1960, dt. Fassung *Der Weg zurück*). R: Luigi Comencini.

Il giudizio universale (1961, dt. Fassung *Das jüngste Gericht findet nicht statt*). R: Vittorio De Sica.

Un napoletano d'America (1962). R: Leon Klimowsky.

Le quattro giornate di Napoli (1962, dt. Fassung *Die vier Tage von Neapel*). R: Nanni Loy.

Ieri, oggi, domani (1963, dt. Fassung *Gestern, heute, morgen*). R: Vittorio De Sica.

Le mani sulla città (1963, dt. Fassung *Hände über der Stadt*). R: Francesco Rosi.

Operazione San Gennaro (1966, dt. Fassung *Unser Boß ist eine Dame*). R: Dino Risi. Mit Senta Berger, Mario Adorf, Totò u. a.

Avanti (1972). R: Billy Wilder.

I guappi (1974, dt. Fassung *Die Rache der Camorra*). R: Pasquale Squitieri. Mit Claudia Cardinale, Franco Nero u. a.

Pasqualino Settebellezze (1975, dt. Fassung *Sieben Schönheiten*). R: Lina Wertmüller.

Neapolitanische Geschwister (1978, ital. Fassung *Nel regno di Napoli*). R: Werner Schroeter. Mit Ida Di Benedetto, Antonio Orlando u. a.

Immaccolata e Concetta (1980, dt. Fassung *Die andere Eifersucht*). R: Salvatore Piscielli.

Ricomincio da tre (1981). R: Massimo Troisi.

La pelle (1981, dt. Fassung *Die Haut*). R: Liliana Cavani, nach dem gleichnamigen Roman von Curzio Malaparte. Mit Claudia Cardinale, Marcello Mastroianni, Burt Lancaster u.a.

Mi manda Picone (1983, dt. Fassung *Picone schickt mich*). R: Nanni Loy

Così parlò Bellavista (1984, dt. Fassung *Also sprach Bellavista*). R: Luciano De Crescenzo, nach dem gleichnamigen Buch des Regisseurs.

Maccheroni (1985, dt. Fassung *Macaroni*). R: Ettore Scola.

Un complicato intrigo di donne, vicoli e delitti (1986, deutsche Fassung *Camorra*). R: Lina Wertmüller.

Il camorrista (1986). R: Giuseppe Tornatore.

L'ultima scena (1989). R: Nino Russo.

Scugnizzi (1989). R: Nanni Loy

Vito e gli altri (1991, dt. Fassung *Vito und die anderen*). R: Antonio Capuano.

Io speriamo che ma la cavo (1992). R: Lina Wertmüller, nach der von Marcello D'Orta herausgegebenen Sammlung von Schüleraufsätzen.

Morte di un matematico napoletano (1992). R: Mario Martone

Baby Gang (1992). R: Salvatore Piscicelli.

L'amore molesto (1994). R: Mario Martone.

Sud (1994). R: Gabriele Salvatores.

Il postino (1995, dt. Fassung *Der Postmann*). R: Michael Radford.

The talented Mr. Ripley (1999, dt. Fassung *Der talentierte Mr. Ripley*). R: Anthony Minghella.

Francesca e Nunziata (2001). R: Lina Wertmüller.

Vento di terra (2004). R: Vincenzo Marra.

Certi bambini (2005). R: Antonio und Andrea Frazzi.

Dreaming by numbers (2005). R: Anna Bucchetti.

Gomorra (2008, dt. *Gomorrha. Reise in das Reich der Camorra*), R: Matteo Garrone. Nach dem Buch von Roberto Saviano.

È stata la mano di Dio (2021, dt. *Die Hand Gottes*). R: Paolo Sorrentino.

Nostalgia (2022), nach dem gleichnamigen Roman von Ermanno Rea. R: Mario Martone.

Autoren und Quellen

GUIDO CERONETTI, 1927 in Turin geboren, Schriftsteller und Übersetzer, lebte in Cetona, starb dort 2018. *Das Schweigen des Körpers*, 1983; *Albergo Italia. Meine italienische Reise*, 1993. – Die Fußnote aus *»Un viaggio in Italia«*, © 1983, 2004 e 2014 Giulio Einaudi editore s.p.a., Torino; übersetzt von Moshe Kahn.

PINO DANIELE, 1955 in Neapel geboren, Jazz- und Rock-Musiker, starb 2015 in Rom. *Terra mia*, 1977; *Nero a metà*, 1980; *Dimmi cosa succede sulla terra*, 1997; *Tutta n'ata storia*, 2013. – Die Fußnote *Neapel* aus »Pino Daniele«, Mailand (Mondadori) 1997; übersetzt von Dieter Richter.

LUCIANO DE CRESCENZO, 1928 in Neapel geboren, zunächst Ingenieur, dann Schriftsteller und Filmregisseur, lebte von 1961 bis zu seinem Tod 2019 in Mailand. *Also sprach Bellavista. Neapel, Liebe und Freiheit*, 1988. – Die Fußnote aus der Einleitung zu Antonio De Curtis' »'A livella«, Rom 1992; übersetzt von Dieter Richter.

ANTONIO DE CURTIS (TOTÒ), 1898 in Neapel geboren, Komiker, Schauspieler, Regisseur, 1967 in Rom gestorben. – *Analphabetisches Herz, Wenn ich ein Vogel wäre, Die Instruktion* aus »'A livella. Poesie napoletane«. Rom (Gremese) 1992; übersetzt von Dieter Richter.

EDUARDO DE FILIPPO, 1900 in Neapel geboren, Theaterautor, Schrifsteller, Schauspieler, Regisseur, gestorben 1984 in Rom. *Napoli milionaria*, 1945 (Film, 1950); *Filumena Marturano*, 1946 (Film 1951); *Gli esami non finiscono mai*, 1973. – *Das Ragout* und *Das Meer* aus »Le poesie di Eduardo«, Turin (Einaudi) 1975; übersetzt von Dieter Richter.

ERRI DE LUCA, 1950 in Neapel geboren, Romanautor und Übersetzer, lebt bei Rom. *Die Asche des Lebens*. Reinbek 1999; *Ich bin da*, 2004. – *Nach dem Erdbeben* (Titel vom Herausgeber): *La città non rispose* [1991] aus »Il cronista scalzo«, Neapel (Prismi) 1996; übersetzt von Moshe Kahn. *Vulkaniker* aus »Napòlide«, Neapel (Dante e Descartes) 2006; © der deutschen Ausgabe: Erstveröffentlichung im

Ausstellungskatalog ›Tanz auf dem Vulkan‹, Deutscher Kunstverlag, Berlin 2022; S. 30–31; übersetzt von Dieter Richter.

FRANCESCO DURANTE, 1952 in Anacapri geboren und dort 2019 gestorben, Journalist (*Il Mattino, La Repubblica, Corriere del Mezzogiorno*) und Autor. *Donnacrapa Catoblepa*, Dialektgedichte 1993; *I napoletani*, 2011. – *Die Neapolitaner und der Vesuv* aus »Meridiani« VI/28 (1993); übersetzt von Renate Heimbucher.

HANS WERNER HENZE, 1926 in Gütersloh geboren, Komponist, lebte seit 1953 in Italien, u. a. auf Ischia und in Neapel, starb 2012 in Dresden. – *Die Kanzonen von Neapel* (Auszug) aus »Merian« 6/XI (1958).

RAFFAELE LA CAPRIA, 1922 in Neapel geboren, Schriftsteller und Essayist, lebte bis zu seinem Tod 2022 in Rom. *Ferito a morte*, Roman 1961; *L'armonia perduta*, Essays 1986; *L'estro quotidiano*, 2005; *Esercizi superficiali*, 2012 – *Neapel als geistige Landschaft* (Titel vom Herausgeber) aus »L'occhio di Napoli«, Mailand (Mondadori) 1994 (gekürzt); übersetzt von Moshe Kahn.

GIUSEPPE MAROTTA, 1902 in Neapel geboren und aufgewachsen, 1925 Emigration nach Mailand, arbeitete dort als Journalist. Starb 1963 in Neapel. – *Spaghetti* aus »Das Gold von Neapel«, Frankfurt (Fischer) 1958; durchgesehene Übersetzung von Hellmut Ludwig. *L'oro di Napoli*, 1947 in Mailand erschienen, wurde 1954 von Vittorio de Sica u. a. mit Sophia Loren, Totò und Eduardo De Filippo verfilmt.

ELISABETTA MORO, 1971 in Vicenza geboren, ist Professorin für Kulturanthropologie in Neapel und Leiterin des dortigen »Centro di Ricerche sociali sulla dieta mediterranea«. – *La santa e la sirena*, 2005; *La dieta mediterranea. Mito e storia di uno stile di vita*, 2014. *Was für eine Stadt!* Aus E. Moro/M. Niola, »Andare per i luoghi della dieta mediterranea«, © 2017 Società editrice il Mulino; übersetzt von Martin Hallmannsecker (gekürzt).

MARINO NIOLA, 1943 in Neapel geboren, lehrt dort als Professor für Kulturanthropologie. *Antropologia delle anime in pena*, 1993; *Il corpo mirabile*, 1997; *I santi patroni*, 2007. – *Arme Reiche* aus: »Totem und Ragù. Neapolitanische Spaziergänge«; © 2000 Luchterhand Literaturverlag, München, in der Penguin House Verlagsgruppe GmbH; übersetzt von Anton Holzer und Benedikt Sauer.

ANNA MARIA ORTESE, 1914 in Rom geboren, lebte lange Zeit in Neapel, Romanautorin und Erzählerin, starb 1998 in Rapallo. *Die Klage des Distelfinken*, 1997; *Neapel liegt nicht am Meer*, 2019. – *Gold in Forcella* aus »Il mare non bagna Napoli« [1953], Mailand (Adelphi) 1994 (gekürzt); übersetzt von Moshe Kahn.

VALERIA PARRELLA, 1974 in Torre del Greco geboren, Erzählerin und Übersetzerin, lebt bei Neapel. *Die Signora, die ich werden wollte*, 2007; *Liebe wird überschätzt*, 2017. *Tonino hatte aufgeholt* aus »Der erfundene Freund« (Wagenbach 2006); übersetzt von Suse Vetterlein (gekürzt).

FRANCESCO PICCOLO, 1964 in Caserta geboren, lebt in Rom. Mitarbeiter u. a. bei *Il Manifesto* und *Il Mattino*. *Vorbeigeliebt*, (A. Fest), 2000; *Il desiderio di essere come tutti*, 2014. – *Auf der Straßenseite* aus »Storie di primogeniti e figli unici«, Mailand (Feltrinelli) 1996; übersetzt von Gertrud Veider.

FELICE PIEMONTESE, 1942 in Monte Sant'Angelo (Apulien) geboren, lebt in Neapel. *Epidemia*, Roman 1990; *Fantasmi vesuviani*, 2009. – *Die Herrschaft der Ratte* (leicht gekürzt) ist unter dem Titel *A Napoli la zoccola* in der Literaturzeitschrift »Alfabeta« Nr. 70, März 1985 erschienen; übersetzt von Renate Heimbucher.

FABRIZIA RAMONDINO, 1936 in Neapel geboren, Schriftstellerin und Übersetzerin, starb 2008 in Gaeta. *Althénopis. Roman einer Kindheit*, 1989; *Ein Tag und ein halber*, 1989. – *Die verfluchte Sonne* (Titel vom Herausgeber) aus »Nicht sehr verläßlich zu Haus. Erinnerungen an Neapel«, Zürich (Arche) 1992; übersetzt von Maja Pflug.

ELIABETTA RASY, 1947 in Rom geboren, verbrachte ihre Kindheit und Jugend in Neapel und Rom, Romanautorin und Essayistin, lebt in Rom. *Le donne e la letteratura*, 1984; *Ritratti di signora*, 1995. *Der Schatten des Mondes*, 2001; *Le regole del fuoco*, 2016. – *Die Sprachen, der Gesang* (Titel vom Herausgeber) aus »Posillipo«, Mailand (Rizzoli) 1997 (leicht gekürzt); im Deutschen aus: »Das Meer beginnt in Neapel«. © 1999 der deutschsprachigen Ausgabe:

Schöffling & Co. Verlagsbuchhandlung GmbH, Frankfurt am Main; übersetzt von Michaela Wunderle.

DOMENICO REA, 1921 in Neapel geboren, Romanautor und Erzähler, dort 1994 gestorben. *Spaccanapoli*, 1947; *Diario napoletano*, 1971; *Ninfa plebea*, 1991 (Premio Strega); *Neapel zwischen Nacht und Morgengrauen*, 2011. – *Die Enttäuschung* aus »La tentazione e altri racconti«, (Arnoldo Mondadori Ed., 1961) Neapel (Soc. Ed. Nap.) 1976; übersetzt von Moshe Kahn. Die Fußnote *Die Pizza* aus »Merian« 9/46.

ERMANNO REA, 1927 in Neapel geboren, Journalist (in der Nachkriegszeit bei der *Unità* in Neapel), lebte in Mailand und Rom, starb dort 2016. – *Mistero napoletano*, 1995 (Premio Napoli). *Die Begegnung* aus »Nostalgia« © der deutschen Ausgabe: 2022 S. Marix Verlag in der Verlagshaus Römerweg GmbH, Wiesbaden, übersetzt von Klaudia Ruschkowski (gekürzt).

MICHELE SERIO, 1954 in Neapel geboren, dort 2021 gestorben. Popmusiker, Bühnen- und Romanautor. *San Gennaro made in China*, 2015. – *Der Friedhof* (Titel vom Herausgeber) aus dem Roman »Pizzeria Inferno«, Mailand (Baldini e Castoldi) 1994 (gekürzt); übersetzt von Moshe Kahn.

LUIGI TRUCILLO, 1955 in Neapel geboren, lebt in Rom. Lyriker und Erzähler. *Die Geometrie der Liebe* 2015 (Mare Verlag). – *Neapel, Molo Mergellina* aus »Navicelle«, Neapel (Cronopio) 1996; übersetzt von Dieter Richter.

DIETER RICHTER, geboren 1938 in Hof. Er ist Verfasser zahlreicher kulturwissenschaftlicher Bücher.

VON DIETER RICHTER AUSSERDEM BEI WAGENBACH

Der Vesuv Geschichte eines Berges

Die faszinierende Geschichte eines Berges, der seit Jahrhunderten Angst und Schrecken verbreitet und zugleich eine unwiderstehliche Anziehungskraft ausübt – verfasst von einem der besten Kenner des Golfs von Neapel.

WAT 807. Broschiert. 240 Seiten mit vielen Abbildungen

Neapel Biographie einer Stadt

Eine umfassende Kulturgeschichte Neapels von den vorchristlichen Anfängen über die »Grand Tour« bis heute. Leicht fasslich, mit vielen Neuentdeckungen und sogar: konkurrenzlos!

WAT 509. Broschiert. 304 Seiten mit vielen Abbildungen

Das Meer Geschichte der ältesten Landschaft

Die Frage nach dem Ursprung aller Dinge lautet auch: Wie kommt das Salz ins Meer? Dieter Richter beginnt seine souverän geschriebene Kulturgeschichte bei den Schöpfungsmythen des Meeres und endet in unserer Zeit des ansteigenden Meeresspiegels. Dazwischen jede Menge Badelust, Tiefseeforschung und Mondnächte auf Capri!

Gebunden mit Prägung und aufgeklebtem Schildchen
240 Seiten mit vielen Abbildungen

Der Süden Geschichte einer Himmelsrichtung

Vom Süden in der antiken Welt zur Capri-Sonne der 1950er Jahre, von der Entdeckung der Südseeinsel Tahiti bis zur heutigen Sehnsucht nach Strand, Palmen und blauem Meer: Der Süden leuchtet! Dorthin zeigt die Kompassnadel des Glücks.

Leinen mit Prägung und aufgeklebtem Schildchen
208 Seiten mit vielen Abbildungen

Goethe in Neapel

An der dauernden Italiensehnsucht der Deutschen hat Goethes Italienische Reise großen Anteil. In Neapel kulminieren Glücksgefühl und Befremden des fahrenden Nordmenschen. Dieter Richter begibt sich – gewohnt kenntnisreich – auf eine höchst unterhaltsame Spurensuche.

SVLTO. Rotes Leinen. Fadengeheftet. 144 Seiten

Fontane in Italien

»Wie leicht ist es geworden, Italien zu besuchen!« Theodor Fontane war einer der ersten modernen Touristen, die mit der Eisenbahn in den Süden reisten. Und man ahnt schon, welche Landschaft der Dichter am Ende mehr schätzte: die Mark Brandenburg oder den Golf von Neapel.

Mit zwei Stadtbeschreibungen aus dem Nachlass Fontanes
SVLTO. Rotes Leinen. Fadengeheftet. 144 Seiten

Con gusto
Die kulinarische Geschichte der Italiensehnsucht

Dieter Richter erzählt – wie immer kulinarisch und mit großer Kennerschaft – die Kulturgeschichte einer Begegnung: Wie die italienische Küche in den Norden kam und zur Zauberformel des guten Lebens wurde. Von Goethes Italienreise bis zur Mittelmeerdiät.

SVLTO. Rotes Leinen. Fadengeheftet. 168 Seiten mit Abbildungen

Wenn Sie mehr über den Verlag und seine Bücher wissen möchten, schreiben Sie uns eine Postkarte oder elektronische Nachricht (mit Anschrift und E-Mail). Wir informieren Sie dann regelmäßig über unser Programm und unserer Veranstaltungen.

Verlag Klaus Wagenbach   Emser Straße 40/41   10719 Berlin
www.wagenbach.de   vertrieb@wagenbach.de

Neapel. Eine literarische Einladung
erschien 1998 als 73. *SALTO*

Verlag und Herausgeber danken allen Rechteinhabern
für die freundliche Genehmigung zum Abdruck.
Die Rechtschreibung der Übersetzungen wurde beibehalten.

4., überarbeitete Auflage 2023

© 1998, 2004, 2008, 2023 für diese Ausgabe:
Verlag Klaus Wagenbach, Emser Str. 40/41
10719 Berlin   www.wagenbach.de

Covergestaltung Birgit Thiel unter Verwendung
eines Photos von Rolf Klötzer. Gesetzt aus der Bembo.
Vorsatzmaterial von peyer graphic, Leonberg.
Leinen von Gebr. Schabert, Strullendorf.
Gedruckt und gebunden bei Beltz Grafische Betriebe,
Bad Langensalza. Printed in Germany.
Alle Rechte vorbehalten

ISBN 978 38031 1172 2